Que gramática estudar na escola?

Maria Helena de Moura Neves

Que gramática estudar na escola?

Norma e uso na Língua Portuguesa

editora**contexto**

Copyright © 2003 Maria Helena de Moura Neves

Todos os direitos desta edição reservados à
Editora Contexto (Editora Pinsky Ltda.)

Diagramação
Renata Alcides
Texto & Arte Serviços Editoriais

Revisão
Vera Lúcia Quintanilha
Texto & Arte Serviços Editoriais

Capa
Antonio Kehl

Dados Internacionais de Catalogação na Publicação (CIP)
(Câmara Brasileira do Livro, SP, Brasil)

Neves, Maria Helena de Moura.
Que gramática estudar na escola? / Maria Helena de Moura
Neves. – 4. ed., 4ª reimpressão. – São Paulo : Contexto, 2023.

Bibliografia
ISBN 978-85-7244-226-8

1. Gramática – Estudo e ensino 2. Português – Gramática –
Estudo e ensino I. Título.

03-3554   CDD-415.07

Índice para catálogo sistemático:
1. Gramática: Estudo e ensino: Linguística 415.07

2023

Editora Contexto
Diretor editorial: *Jaime Pinsky*

Rua Dr. José Elias, 520 – Alto da Lapa
05083-030 – São Paulo – SP
PABX: (11) 3832 5838
contato@editoracontexto.com.br
www.editoracontexto.com.br

A
Geraldo,
Geraldinho (*in memoriam*),
Beto e Bete,
Lúcia e Edgar.

Sumário

Parte III

Norma, uso e gramática escolar 77

Apresentação

A NATUREZA DA OBRA

O conjunto de pesquisa aqui apresentado liga-se à preocupação de que se institua um tratamento escolar mais científico das atividades de linguagem, muito especificamente das atividades ligadas à gramática de língua materna. Assenta-se a necessidade de uma gramática escolar que não apenas contemple uma taxonomia e um elenco de funções mas que, legitimada pela sua relação com o uso efetivo da língua, dê conta dos usos correntes atuais, não perdendo de vista o natural e eficiente convívio de variantes no uso linguístico, incluída, aí, a norma tradicionalmente considerada padrão.

O SUPORTE DAS REFLEXÕES

Para o desenvolvimento das reflexões sobre o tratamento escolar da linguagem, e, em especial, da gramática, conto com a experiência acumulada em pesquisas anteriores, as quais foram construindo um percurso que considero muito profícuo nessa direção. Assim é que tenho preparados:

- uma fundamentação da gramática ocidental, em *A vertente grega da gramática tradicional* (Hucitec/Ed. UnB, 1987) e em muitos artigos publicados;

- um ensaio de diagnóstico sobre o ensino da língua portuguesa tanto nos cursos de Letras como nos níveis Fundamental e Médio, em *A gramática na escola* (Contexto, 1990a; 6ª ed. em 2002);

- reflexões sobre as bases da teoria funcionalista da linguagem, em *A gramática funcional* (Martins Fontes, 1997);

- uma descrição do funcionamento dos diversos itens da língua portuguesa segundo seu uso efetivo em um *corpus* de língua escrita, publicada em *Gramática de usos do português* (Editora UNESP, 2000), como resultado de pesquisas referentes a projetos amparados pelo CNPq, especialmente o Projeto Integrado homônimo desenvolvido no período de 1996 a 1998;

- uma descrição do funcionamento dos diversos itens da língua portuguesa e de processos implicados no uso dos itens em um *corpus* de língua oral (NURC), explicitada em 12 capítulos publicados nos oito volumes da coleção *Gramática do Português Falado*, dentro do projeto homônimo coordenado por Ataliba Teixeira de Castilho (Neves, 1990b; 1992; 1993; 1996a; 1996b; 1996c; 1999a; 1999b; 1999c; Ilari *et alii*, 1990; Ilari, Franchi e Neves, 1996; Neves e Hattnher, 2003);

• a depreensão de processos implicados no uso dos itens, em artigos publicados como resultado da pesquisa referente ao Projeto Integrado CNPq *Gramática de usos do português: os processos*, desenvolvido no período de 1998 a 2000 (Neves, 2000c e 2001d, entre outros);

• a observação e descrição da lexicogramática dos itens em um *corpus* de língua escrita, no *Dicionário gramatical de verbos do português contemporâneo do Brasil* (coordenado por F. S. Borba, Editora UNESP, 1990) e no *Dicionário de usos do português* (coordenado por F. S. Borba, Ática, 2002), nos quais participei como coautora colaboradora;

• uma conciliação de reflexões sobre o tema **gramática** voltada para algumas direções consideradas básicas, em *A gramática: história, teoria e análise, ensino* (Editora UNESP, 2002);

• um confronto entre as normas prescritivas e o uso, isto é, entre o que manuais normativos dizem que "deve ser", ou "não deve ser", e o que, realmente, "é", como resultado da pesquisa referente ao Projeto Integrado CNPq *Gramática de usos do português: o uso e a norma*, em desenvolvimento desde 2000 (até julho de 2003), constituindo o livro *Guia de uso do português. Confrontando regras e usos* (Editora UNESP, 2003).

O PÚBLICO-ALVO

Visa-se à apropriação dos resultados por parte de toda a comunidade de usuários da língua: em particular, o profissional ligado ao campo da linguagem (por exemplo, o professor – ou futuro professor – responsável pelo direcionamento do trabalho com a gramática da língua) e o aluno, mas também, em geral, o falante comum, pois a comunidade é a beneficiária primeira e última da ação escolar.

É hora de atender ao que esperam a sociedade e a família das aulas de Português nas escolas: que os alunos falem e escrevam melhor. Nada mais esperam todos que adequação de linguagem: adequação de registro, incluída a posse da norma socialmente prestigiada, mas, também e principalmente, adequação guiada pela compreensão do modo de organização dos enunciados. Desempenho do primeiro tipo (adequação basicamente sociocultural) pode ser pautado por uma gramática normativa de orientação segura; e desempenho do segundo tipo (adequação basicamente linguística) pode ser beneficiado com o procedimento reflexivo a que leva o trabalho com uma gramática de usos teoricamente sustentada. Inspirada em Coseriu (1992 [1988]) posso concluir que o falar e escrever bem tem um tríplice significado: exercer sem bloqueios a capacidade natural de falante da língua; ter o domínio da língua particular – historicamente inserida – em que se vazam os enunciados; atuar linguisticamente de modo eficiente. E este último desiderato nada mais representa do que conseguir, no processamento da interação verbal, que as interpretações recuperem na melhor medida possível as intenções (Dik, 1997).

Nessa complexa ação, compete assentar um tratamento escolar da gramática que abandone o diletantismo e aproveite a orientação preparada pela ciência linguística.

PESSOAL ENVOLVIDO

O Projeto Integrado CNPq, por mim coordenado, e que deu origem a esta obra (*Gramática de usos do português: o uso e a norma*, 2000-2003), teve como participantes, Victoria Celeste Marques, bolsista de Iniciação Científica, que, como parte de seu programa de estudos, procedeu a uma leitura crítica da versão final do texto, e Débora Franciscatto, bolsista de Apoio Técnico, a quem devo todo o suporte técnico para o desenvolvimento das pesquisas e para a realização deste livro.

Agradeço ao CNPq a concessão da bolsa de Produtividade em Pesquisa que me permitiu a realização do trabalho.

Parte I
Introdução

O tratamento escolar da gramática[1]

ANALISANDO E PROPONDO

É relativamente grande o número de estudos que se vêm preocupando com a natureza do ensino de Língua Portuguesa que as escolas oferecem. Um dos pontos especialmente em foco é o tratamento da gramática, e o tom das avaliações daquilo que se tem proposto e se tem conseguido é geralmente de crítica e de desolação.

Uma das questões problemáticas é entender de que gramática se fala quando a perspectiva de exame é o tratamento escolar. Afinal, que "gramática" se tem trazido para dentro das salas de aula, e que "gramática" se há de oferecer ao aluno, se necessariamente a sistematização tem de passar pela reflexão, como acentuam modernamente os próprios documentos oficiais que procuram orientar as atividades escolares?

Sabemos que é difícil fixar o que, particularmente, deva constituir a disciplina **gramática**, ou um conteúdo curricular a ela ligado, dentro da grade curricular escolar, especialmente nos graus iniciais. É difícil, mesmo, avaliar os diversos tipos de gramática que a história do saber gramatical nos tem oferecido[2].

Do lado dos linguistas, a atitude primeira, nessa questão, é a de desqualificar qualquer atuação baseada em preconceito linguístico, uma posição absolutamente correta. Entretanto, entre os linguistas é também frequente – se não absolutamente consensual – que se reconheça a vantagem – se não a necessidade – de garantir ao aluno um modo de acesso ao padrão valorizado da língua, ainda em nome do respeito à qualidade cidadã do indivíduo que se senta nos bancos escolares. Tudo isso toca – embora não esgote – a avaliação do material que tem sido colocado à disposição dos professores de Português para o seu trabalho, e, muito particularmente, para o tratamento da gramática de língua materna na escola.

Uma discussão inicial pode ser a que toca as competências. Como tenho apontado em outros trabalhos e também indico no decorrer deste livro, cabe especialmente aos docentes de graduação em Letras, que são os formadores de professores de língua materna, preparar as bases de um tratamento escolar cientificamente embasado – e operacionalizável – da gramática do português para falantes nativos, o que representaria dar aquele passo tão reclamado entre o conhecimento das teorias linguísticas e a sua aplicação na prática.

Das universidades, seguramente, espera a comunidade o desenvolvimento de pesquisas que possam contribuir para um tratamento mais científico das atividades de linguagem nas escolas, e, mais especificamente, da gramática de língua materna, o tradicional vilão quando estão em análise tais atividades. Penso na constituição de um material de referência – teórico e prático – para análise das relações entre gramática e uso linguístico, e, portanto, entre organização linguística e interação na linguagem, um material de base para uma gramática escolar do português assentada na assunção de que ao tratamento escolar da linguagem – e, portanto, da gramática – não pode faltar a orientação preparada pela ciência linguística.

Venho defendendo que se finque a pesquisa linguística na valorização do uso linguístico e do usuário da língua, propiciando-se a implementação de um trabalho com a língua portuguesa – especialmente com a gramática – que vise diretamente àquele usuário submetido a uma relação particular com a sua própria língua, a relação de "aprendiz", o que, de certo modo, o retira da situação de "falante competente", pelo menos do ponto de vista sociopolítico-cultural[3]. Nessa linha, propõe-se como objeto de investigação escolar a língua em uso, sob a consideração de que é em interação que se usa a linguagem, que se produzem textos. Assim, o foco é a construção do sentido do texto, isto é, o cumprimento das funções da linguagem, especialmente entendido que elas se organizam regidas pela função textual.

Considero, como ponto de partida, que a escola é, reconhecidamente, o espaço institucionalmente mantido para orientação do "bom uso" linguístico[4], e que, portanto, a ela cabe ativar uma constante reflexão sobre a língua materna, contemplando as relações entre uso da linguagem e atividades de análise linguística e de explicitação da gramática.

Todos sabemos que a criança tem uma consciência muito forte da sua língua e reflete sobre ela, mas, como aponta Slama-Cazacu (1979, p. 82), pelo modo de tratamento que tradicionalmente tem direcionado o trabalho escolar com a linguagem[5], desde a pré-escola a criança é instada a "desaprender" o pensar sobre a língua. Pouco a pouco uma sistematização mecânica e alheia ao próprio funcionamento linguístico é oferecida como o universo a que se resume a gramática da língua, de tal modo que a gramática vai passando a ser vista como um corpo estranho, divorciado do uso da linguagem, e as aulas de língua materna só passam a fazer sentido se a gramática for eliminada. Na verdade, é com razão que muitos estudiosos defendem que se exclua a gramática do tratamento escolar da língua, já que o que se tem visto é que ele se vem reduzindo à taxonomia e à nomenclatura em si e por si, e é bem sabido que nenhuma "competência" e nenhuma "ciência" advirão da atividade de reter termos, e, mesmo, de decorar definições.

Como bases para uma gramática escolar proponho as assunções de que tensões como as que se manifestam entre uso e norma-padrão, entre modalidade falada e modalidade escrita de língua, entre descrição e prescrição, tidas popularmente como óbices a um bom tratamento da gramática na escola, pelo contrário são ingredientes obrigatórios da consideração do tratamento escolar da linguagem, porque pertencem à essência das línguas naturais. A tensão entre certo e errado, porém, popularmente eleita como carro-chefe da condução da preocupação com a língua nativa, não tem fundamento e não tem papel num trabalho com a linguagem cientificamente fundamentado.

A partir daí, entende-se que o tratamento escolar da linguagem tem de fugir da simples proposição de moldes de desempenho (que levam a submissão estrita à normas linguísticas consideradas legítimas) bem como da simples proposição de moldes de organização de entidades metalinguísticas (que levam a submissão estrita à paradigmas considerados modelares).

Rejeita-se um tratamento ingenuamente homogêneo dos itens da língua, o qual desconhece que, enquanto o funcionamento de algumas classes de itens pode resolver-se satisfatoriamente no nível da oração, o de outras classes de itens transcende os limites da estruturação sintática (por exemplo, a referenciação, uma instrução de busca que só se resolve com consideração de papéis textuais ou situacionais).

A partir das reflexões desenvolvidas, ficam assentadas como base para o trabalho de proposição de uma gramática que possa ser operacionalizada na escola, indicações como:

a. O falante de uma língua natural é competente para, ativando esquemas cognitivos, produzir enunciados de sua língua, independentemente de qualquer estudo prévio de regras de gramática.

b. O estudo da língua materna representa, acima de tudo, a explicitação reflexiva do uso de uma língua particular historicamente inserida, via pela qual se chega à explicitação do próprio funcionamento da linguagem.

c. A disciplina escolar gramatical não pode reduzir-se a uma atividade de encaixamento em moldes que dispensem as ocorrências naturais e ignorem zonas de imprecisão ou de oscilação, inerentes à natureza viva da língua.

FIXANDO AS BASES DA ANÁLISE

Para a reflexão sobre uma gramática escolar da língua portuguesa considera-se que devam ficar assentadas algumas premissas que podem dirigir com segurança uma ação voltada para o funcionamento da linguagem, segundo exigem os princípios funcionalistas (Dik, 1989, 1997; Halliday, 1973, 1985; Coseriu, 1958, 1992 [1988]; Givón, 1984, 1995; Neves, 1997, 2000a) que sustentam a concepção que aqui se defende.

Como ponto de partida elegem-se para reflexão três temas básicos que necessariamente estão implicados numa tarefa de abrigar a **gramática** no tratamento escolar: **língua, norma** e **padrão**.

1. Assume-se que a linguagem não existe a não ser na interação linguística, isto é, no uso, e, portanto, a atividade escolar com a língua materna exige atenção aos usos e aos usuários. Isso implica entender que a **língua** não é um sistema uno, invariado, mas, necessariamente, abriga um conjunto de variantes. Afinal, é ilegítimo desconsiderar a interferência mútua das variantes e conceber rigidamente um padrão linguístico modelar. No tratamento escolar, a variação não pode ser vista como "defeito", "desvio", e a mudança não pode ser tida como "degeneração", "decadência". Nem pode a heterogeneidade ser vista como recurso para atuações menos legítimas, "menores".

2. Assume-se, por outro lado, a existência de norma linguística no sentido amplo, o de "normalidade", assim como a existência de norma linguística no sentido restrito, o de "normatividade", isto é, de "norma-padrão", ou, mesmo, o de "norma culta"[6]. **Norma** é, em qualquer caso, um conceito de estatuto não apenas linguístico, mas também sociopolítico-cultural. Como diz Faraco (2002, p. 39), **norma** não é apenas "um conjunto de formas linguísticas", mas "também (e principalmente) um agregado de valores socioculturais articulados com aquelas formas". Isso está relacionado ao fato de que, tal como ocorre nas normas sociais, nas normas linguísticas também há diversificação, constituindo cada norma um fator de identificação de cada grupo, ou comunidade. As diversas normas em contato se interpenetram, e isso constitui uma contraparte da assunção de que a língua é um conjunto de variantes. Afinal, a admissão da existência de **norma** nas comunidades linguísticas não legitima uma condução do trabalho escolar com a língua pátria que admita preconceito e sustente discriminação. Entretanto, não pode ser esquecido o fato de que o mesmo perigo é oferecido pelo próprio reconhecimento de variação linguística, se nesse reconhecimento se abrigar valoração.

3. Assume-se, ainda, que um **padrão linguístico** que se proponha fora da observação dos usos não constitui um padrão real[7]. Um manual de gramática não pode cingir-se à descrição de um padrão ideal irreal, e, portanto, de estatuto ilegítimo[8]. É aí que fica instaurado o grande problema a ser equacionado. Se nos contentarmos com entender que a língua-padrão deve ser estabelecida pelas regras dos manuais de gramática tradicionais, teremos de perguntar-nos como foram estabelecidas tais regras. Examinando as obras de que dispomos, várias respostas são encontradas, mas em geral se indica que a língua-padrão é a da literatura, especificamente a dos escritores bem-avaliados, o que transfere a decisão de escolha para uma avaliação que ainda não se preparou e que dificilmente poderá ser sem equívocos assentada. Assim, temos depoimentos de gramáticos nossos que se louvaram na linguagem de "modelos" como:

- o dos "grandes escritores em cuja linguagem as classes ilustradas põem o seu ideal de perfeição", decisão que eleva ao extremo a necessidade de um "valor" da linguagem, que seja reconhecido pela sociedade letrada (Rocha Lima, 1972);

- o das "obras literárias", com busca de "abonações", decisão que dispensa a necessidade de uma valoração das obras, mas mantém a necessidade da característica "literária" (Cegalla, 1979);

- o do "português atual na sua forma culta", o dos "escritores (...) do Romantismo para cá", decisão que soma à qualidade "culta" a qualidade "literária", neste ponto com a restrição "moderna", que, no fundo, aparece como condescendência (Cunha & Cintra, 1985).

Há também aqueles que fixaram sua busca nos escritores modelares de épocas anteriores (clássicos), como o gramático Cláudio Brandão (1963), que qualifica como de "falar plebeu" alguns usos que escapam aos parâmetros da regulação tradicional das gramáticas, e há ainda aqueles que se louvaram nos escritores modelares, mas lucidamente reconheceram a existência de variação, como o gramático Carneiro Ribeiro (1956 [1890]).

OPERANDO

Na verdade, sabemos que essa vinculação entre boa linguagem e literatura não passa pelo crivo de uma avaliação bem sustentada, nem se a base do julgamento for a "vernaculidade" (impalpável) das obras literárias (Rodrigues, 1968, p. 47), nem se a base do julgamento for a obediência da "criação literária viva" à "disciplina gramatical canônica" que caracteriza a linguagem dessa criação (Houaiss, 1960, p. 48). Como diz Faraco (2002, p. 48), especialmente após a expansão dos meios de comunicação, no século XX, o padrão – mesmo o escrito – já não pode ser tratado exclusivamente com base na literatura, que, "embora importante, é apenas uma das referências". Com certeza, se é um "padrão" que se busca, não faz sentido que a fonte para essa relativa "uniformização" consentida se restrinja a um espaço de atuação linguística – e sociocultural – absolutamente particular e peculiar.

O estabelecimento de um padrão real para descrição nas escolas, como se tem verificado, passa, teoricamente, por várias opções, como as seguintes:

a. O parâmetro é a linguagem do aluno. Mas o problema dessa escolha é que, no mínimo, haverá inoperância.

b. Qualquer linguagem pode estar em vista. Mas o problema dessa escolha é que, no mínimo, haverá demagogia.

c. O modelo é a linguagem de maior prestígio social. Mas o problema dessa escolha é que, no mínimo, além da barreira constituída pela inexistência de uma medida objetiva que responda por esse estatuto, surge o grande perigo de instituição e cultivo de discriminação.

Fica estabelecido que, até pela pressão social por preservação de identidade (Rosenblatt, 1967), há um lugar para o estudo da língua-padrão na escola. Mas, na avaliação final, a única certeza é a de que temos de ir da **língua** – da linguagem – para o **padrão** (isto é, do **uso** para a **norma**), e não do **padrão** para a linguagem e para a **língua**, que é o que numa visão acrítica se tem feito. Pode-se esperar que uma gramática de usos opere nesse sentido, já que parece aceitável a premissa de que é o exame dos usos (variados) que pode referendar a instituição de padrões.

Tudo isso a ciência linguística nos ensina. E tudo isso torna relevante – parece-nos – o estudo que ora se apresenta.

Não se pode conceber que a vivência escolar da linguagem não reconheça a variação linguística, e, mesmo, que não a coloque na base das reflexões. Espera-se que um tratamento escolar da linguagem não confunda as noções de norma linguística e preconceito linguístico, e, assim, compreenda a naturalidade da existência de uma norma (ideal? padrão? culta?) e a excrescência da defesa de preconceitos na consideração do uso linguístico.

Considera-se que, na base, uma das maiores aberrações no tratamento da linguagem pela escola é ela assumir como sua tarefa – e até como sua meta – a função precípua de avaliação dos usos linguísticos, pautando sua análise dos fatos da língua pelo viés de valoração social e transferindo para o plano da linguagem, na forma de organização e sistematização de fatos, o que não passa de um endosso de usos empreendidos sem critério, fundado apenas nos ecos do que indiscriminada e infundadamente se prega por aí como "certo", "correto".

A natureza da gramática que se defende para uso escolar é, pois, a de uma gramática não desvinculada dos processos de constituição do enunciado, ou seja, dirigida pela observação da produção linguística efetivamente operada.

Nessa altura das reflexões, trago como exemplos iniciais temas e atividades que, incluídos num projeto de trabalho escolar com a gramática da língua, estariam a serviço de tal proposta, se conduzido o exame por uma reflexão sobre o funcionamento da linguagem. Selecionei três tópicos para reflexão, partindo de exercícios que livros didáticos propõem para resolução mecânica e irrefletida.

A subclasse tradicionalmente denominada "sujeito oculto"

A expressão da função **sujeito** é geralmente tratada nos manuais de gramática escolar como questão de rótulo a ser atribuído a um elemento situado no interior da oração, visto exclusivamente por seu aspecto externo ("sujeito expresso simples", "sujeito expresso composto", "sujeito oculto"). O processo de eleição do tipo de sujeito – processo para cuja motivação, na verdade, os limites da oração não são os determinantes únicos – fica absolutamente sem avaliação. Assim, por exemplo, num exercício que encontrei em um livro didático de 7ª série, pede-se que o aluno classifique o sujeito de *Caiu de curioso*, pretendendo que a resposta seja: "sujeito oculto"[9]. Ora, tal resposta, se obtida, nenhum significado terá quanto a conhecimento gramatical, quanto a percepção do funcionamento da linguagem, já que representa uma atribuição de rótulo mecânica que desconhece que esse "zero" na posição de sujeito tem função no enunciado – e não simplesmente constitui um elemento na estrutura da oração – e tem forte motivação textual-discursiva: nesse ponto do enunciado o zero é suficiente e adequado para fazer a devida referenciação, o que se verificaria facilmente se fosse propiciada uma visão refletida do texto, visão entretanto dispensada pelos propositores do exercício, que apenas oferecem a frase nua, fora do seu contexto de produção[10].

A "coordenação" e a "subordinação"

Coordenação e subordinação usam-se como termos que recobrem zonas tidas como discretamente delimitadas e postas em relação complementar. Na verdade, não são os processos que vêm no foco da análise, mas, sim, são os itens concretos que, apontados em frases, devem ser rotulados como **coordenados** ou **subordinados**. Mais que isso, a "dicotomia" (que não vem discutida, e que sabemos – não se sustenta com tanta facilidade) só surge no tratamento escolar da gramática quando já se vai pelo "período composto", isto é, aplicada a orações. Como se não houvesse subordinação já na estruturação da predicação e como se não houvesse coordenação no interior dos diversos elementos componentes do enunciado! Quanto à espúria discretização, observa-se que ficam no mesmo plano de análise processos tão distintos quanto, de um lado, o encaixamento de um sujeito oracional em uma oração matriz (um termo entrando numa estrutura argumental para constituir um elemento de ordem mais alta) e, de outro lado, a articulação de uma oração adverbial de tempo ou de condição com a oração em torno da qual ela gira como satélite e à qual ela se une em interdependência, não em constituência, de que são exemplos, respectivamente: *Ninguém sabia que éramos doentes* e *Se ao menos todos nós não fôssemos doentes, esse dinheiro bastava*. São diferenças muito visíveis no uso linguístico – uso muito pouco ou nunca contemplado, para reflexão, nesses manuais –, no qual se encontram frequentemente e naturalmente orações adverbiais avulsas como *Se ao menos eu não fosse doente! Se ao menos todos nós não fôssemos doentes!* mas nunca se encontra, em enunciados não marcados, uma oração como *Que éramos doentes*, desgarrada de uma outra oração (matriz) da qual ela seja sujeito ou objeto direto.

A chamada "regência verbal"

Trata-se de um tópico que só entra na consideração dos livros didáticos por via da prescrição, isto é, busca-se sempre cercar e delimitar as construções com alguns verbos específicos, as quais, segundo a tradição normativa, são consideradas como "possíveis", "permitidas", "corretas", e os verbos focalizados são exatamente aqueles que, no uso real, apresentam formas variantes de complementação (ou com preposição ou sem preposição). Para as construções com tais verbos, são comuns exercícios como "reescreva as frases que apresentam incorreções quanto à regência" ou "assinale a alternativa em que ocorre um erro de regência verbal". A variação nunca é apresentada como um fato natural da linguagem, de tal modo que nunca se encontra observação reflexiva sobre a naturalidade de uma construção como *Ontem assisti o programa do Sílvio Santos* (tida apenas como "impossível", "não permitida", "incorreta"), na qual o verbo **assistir** tem, visivelmente, a acepção de "ver", um verbo de experiência, de sensação, e, como tal, recebe muito bem um complemento direto, sem preposição. E mais, não se nota nenhum desconforto de certos autores ao informar que, apesar de a regência indireta ser "exigida" para o verbo **assistir**, uma construção passiva como *O programa foi assistido* "já" é "permitida". Perguntaríamos: Por quem? Por quê?

Concluindo

Os conflitos que emergem no tratamento da gramática tal como empreendido tradicionalmente pela escola são vários, especialmente porque estão sem resolução os grandes "problemas" que se ligam à própria inserção sociocultural das línguas naturais e, particularmente no Brasil, à forte consciência de uma relação entre qualificação social e desempenho linguístico de registro valorizado.

O produto final de uma gramática escolar cientificamente conduzida e, por isso mesmo, respaldada no real funcionamento da linguagem, há de derivar da hipótese de que é antinatural e acientífica a utilização do conceito "correção" para estabelecimento do que seja padrão linguístico a ser perseguido no tratamento escolar da língua portuguesa, mas que, por outro lado, é natural e científica a utilização do conceito de "norma linguística" e de "língua-padrão" no exame das relações entre gramática e uso linguístico[11].

Todos sabemos que, quando vai para a escola, a criança domina o padrão coloquial de seu grupo, que é mais, ou menos, próximo do padrão culto, dependendo do grupo socioeconômico-cultural do qual ela provém. Daí que, sem uma educação formal que a ponha em contato com a "língua-padrão" (ou com a "língua culta", seja lá o que se entenda como registro valorizado), quanto mais desfavorecido em termos de letramento o ambiente do qual ela provenha, mais desfavorecida no desempenho ela continuará, porque é a escola, no geral, o único espaço em que a criança terá suporte para entrar equilibradamente na posse de conhecimentos que lhe possibilitarão adequação sociocultural de enunciados, em que ela terá suporte para transitar da competência natural do coloquial (mais distante, ou menos distante, do padrão) para uma posse ampla e segura que lhe permita adequar seus enunciados, nas diversas situações de interação.

Não podemos perder de vista o peso e a importância da gramática escolar na condução da reflexão sobre a linguagem dos indivíduos. Ela atinge, em ação direta, o "aprendiz" escolar, submetido à ação da escola no campo da linguagem, e o professor, que enfrenta a necessidade de equacionar com um mínimo de segurança o inevitável trabalho com a organização gramatical da língua. Por essa via, ela vai também aos falantes comuns, membros de uma família e de uma sociedade que submetem suas crianças e seus jovens a essa ação da escola, esperando dela uma qualidade formadora efetiva. Quantas vezes nos temos surpreendido continuando a encarar nosso uso linguístico pelo prisma que nos imprimiu a experiência vivida nos bancos escolares, diante de um livro-mestre que nos conduziu irrefletidamente às atividades de aula, sem que entendêssemos muito bem por quê e para quê!

A chave para algum progresso é uma só: a inserção das propostas em bases desenvolvidas pela ciência linguística, respaldadas em princípios e em métodos que salvam do diletantismo e do amadorismo. Essa aplicação da ciência linguística à atuação escolar há de servir a ambas as partes: assim como é a circulação da teoria linguística que há de renovar o tratamento escolar da linguagem, da língua, da gramática, assim também uma renovação efetiva desse tratamento há de realimentar discussões teóricas que com felicidade se apliquem à condução escolar da reflexão sobre linguagem.

Notas

[1] Parte deste texto aproveita reflexões e reproduz trechos do artigo "Subsídios teórico-metodológicos para o tratamento escolar da gramática", entregue para publicação no livro *Questões de linguística aplicada ao ensino de língua portuguesa* (Passo Fundo: UFPF).

[2] Apoiado em Gabelentz (1891), Bechara (1998, p. 17-18) mostra como esses diferentes tipos são complementares, nenhum deles, isoladamente, contemplando constituição, funções e relações, ao mesmo tempo, e, portanto, nenhum deles encarnando "a" linguística: as gramáticas estruturais (como a de Bloomfield) são apenas constitucionais; as que têm base na Escola de Praga são constitucionais e funcionais; as de base glossemática são apenas funcionais; a transformacional é constitucional e relacional; a de Coseriu é estrutural e funcional.

[3] Essa consideração de que o aluno é, antes de tudo, um falante competente de sua língua está na base da indicação de muitos linguistas de que língua materna não se "ensina". Para o equacionamento dessa questão remeto às indicações que farei em outras partes deste livro sobre Coseriu (1992 [1988]).

[4]   Entenda-se **bom uso** tanto do ponto de vista da produção de enunciados bem compostos como do ponto de vista da produção de enunciados socialmente adequados.

[5]   "Na escola, os hábitos linguísticos da criança, sua tendência a 'refletir' sobre a língua, sua maneira pessoal de construir as mensagens são bruscamente transtornados por regras que ela deve aprender mais ou menos mecanicamente e que se superpõem brutalmente a estereótipos fixados". (Slama-Cazacu, 1979, p. 82).

[6]   O termo, largamente usado, é perigoso, porque preconceituoso: sugere que as demais variantes são "incultas". Seu alcance verdadeiro, porém, restringe-se à noção de "uma certa dimensão da cultura, a cultura escrita" (Faraco, 2002, p. 40). Disso resulta que a norma culta é mais facilmente estabelecida que a norma-padrão, cujo próprio conceito, extremamente complexo, misto-linguístico e sociocultural, não está estabelecido. Disso resulta também que a norma culta pode estar distante de uma norma-padrão "ideal".

[7]   Lembre-se a observação de Aryon Rodrigues já há trinta anos: "O que em geral se entende por língua-padrão é, sem dúvida, um caso de padrão ideal". (Rodrigues, 1968, p. 44).

[8]   No entanto, muitos manuais trabalham com um padrão artificial ("ideal") e, mais distorcidamente, ainda, com o que consideram as "formas corretas".

[9]   É o que se vê pela resposta encontrada no Livro do Professor.

[10]   Observe-se que a frase, que estava no texto de leitura apresentado algumas páginas antes, vinha neste contexto: *O papagaio caiu no caldeirão que fumegava. Espigou, ficou tonto e caiu.* **Caiu de curioso**, *e se afogou na sopa quente.*

[11]   De fato, como defende Scherre (1999), ensinar gramática normativa não é ensinar a língua. Por outro lado, porém, isso não significa que a norma não deve ter nenhum espaço no tratamento escolar da linguagem.

Parte II
Gramática, uso e norma

A natureza da disciplina
gramática – Visão histórica[1]

GRAMÁTICA, DISCIPLINA GRAMATICAL E GRAMÁTICA TRADICIONAL

Gramática

Toda vez que se fala em **gramática** é necessário especificar-se muito claramente de que é que se está falando, exatamente. É possível ir desde a ideia de gramática como "mecanismo geral que organiza as línguas" até a ideia de gramática como "disciplina", e, neste último caso, não se pode ficar num conceito único, sendo necessária uma incursão por múltiplas noções, já que são múltiplos os tipos de "lições" que uma gramática da língua pode fornecer: no modelo normativo puro, a gramática como o conjunto de regras que o usuário deve aprender para falar e escrever corretamente a língua; no modelo descritivo ou expositivo, a gramática como conjunto que descreve os fatos de uma dada língua; no modelo estruturalista, a gramática como descrição das formas e estruturas de uma língua; no modelo gerativo, a gramática como o sistema de regras que o falante aciona intuitivamente ao falar ou entender sua língua; e assim por diante.

Obviamente, não vou, aqui, resenhar as concepções de gramática, nem muito menos defender que o termo deva ser preferencialmente utilizado numa ou noutra acepção[2]. Pretendo, simplesmente, fazer uma reflexão sobre a natureza da disciplina gramatical com a qual temos convivido.

O que me parece, no fundo, é que nós – tanto leigos como estudiosos do assunto – não temos sabido muito bem fazer a avaliação dessa disciplina que incomodou e revoltou a tantos nos bancos escolares, mas que, ultimamente, tem sido tão avidamente perseguida pelo homem comum, que, agora, a busca e a respeita como algo "do bem", e não "do mal", como antes lhe parecia. Estranho mistério!

Disciplina gramatical

O primeiro grande problema é que, sem discussão (até nos trabalhos acadêmicos), a gramática tradicional é simplistamente chamada de **gramática normativa**, coisa que – pode parecer estranho ao desavisado – não reflete a verdade das coisas.

Uma das questões fundamentais no estudo do desenvolvimento das "lições" gramaticais, entre nós, está na implicitação que caracteriza a natureza normativa das obras gramaticais do Ocidente, incluídas, aí, obviamente, as gramáticas de língua portuguesa. Em sã consciência, as nossas gramáticas em geral – e estendo a observação à mãe das gramáticas do Ocidente, a *Téchne Grammatiké*, de Dionísio, o Trácio, (Uhlig, 1883) – não podem ser acusadas de explicitamente prescritivistas, já que, para citar dois pontos:

1. São raras as marcas injuntivas da linguagem, isto é, não se diz explicitamente "use isto e não aquilo", ou "deve-se usar isto e não aquilo".

2. É evidente um desenvolvimento taxonômico das lições, apoiado numa "definição" lógica das entidades em exame.

Entretanto, levantada a capa, exatamente nesses mesmos dois pontos, tem-se a situação que se esquematiza a seguir.

1. Em relação às marcas de injunção:

O deôntico – o dever ser – é necessariamente depreendido dos "exemplos" oferecidos, sempre pertencentes a textos consensualmente tidos como de boa linguagem, e também está escandalosamente presente na figura da **exceção**, talvez a maior chave da interpretação do discurso da gramática tradicional.

2. Em relação ao desenvolvimento taxonômico das lições:

A taxonomia oferecida é, no fundo, paradigma, e isso em dois sentidos.

a. É paradigma como "esquema", comparável aos esquemas que organizam entidades na botânica ou na zoologia, por exemplo: é neutro, é descritivo. E, afinal, há simplesmente o quadro que explicita a organização de um sistema de entidades. Resumindo: no fundo, diz aquilo que a língua **é**. Diz, por exemplo, que tal substantivo, em português, **é** masculino.

b. É paradigma como "parâmetro", já não neutro e descritivo, mas modelar. Afinal, é um esqueleto comprometido, resultante do desvestimento daquilo que "deve ser" e de sua colocação em termos de organização dos subsistemas. Então, necessariamente exclui "o que não deve ser". Resumindo: no fundo, diz aquilo que a língua **deve ser**. Diz, por exemplo, que a primeira pessoa do singular do pretérito perfeito do verbo **fazer** é *eu fiz*, o que implica que **não pode** e **não deve** ser *eu fazi*.

Não se pode ignorar a tensão que fica criada nos dois planos, que são:

1. O plano da interpretação da linguagem das gramáticas, como caracterizadas por

a. ausência de marcas de injunção;

mas, na linha oposta, por

b. exemplaridade das amostras;

2. O plano da interpretação do paradigma depreendido da taxonomia, como

a. um esquema neutro de organização de entidades;

mas, na linha oposta, como

b. um parâmetro que se oferece como modelo.

Em resumo, o discurso dessas obras não é deonticamente modalizado. Não se fornecem, por exemplo, instruções explicitamente diretivas do tipo de "use isto", ou "use aquilo", ou "deve-se usar isto", "deve-se usar aquilo". Em acréscimo, pode-se dizer que o estabelecimento de quadros taxonômicos, em si, apenas provê uma classificação abrangente dos fatos da língua, distribuindo unidades e categorias, ou "redistribuindo-as", quando se o que se tem em mira é, especialmente, a gramática alexandrina na sua relação com a filosofia, que primeiro isolou as categorias:

> A gramática é uma disciplina que, pelas próprias condições em que surgiu, aparece com finalidades práticas, mas que representa um edifício somente possível sobre a base de uma disciplinação teórica do pensamento sobre a linguagem. (Neves, 1987, p. 15)

> É, pois, numa sistematização de base nocional, assentada sobre o fundamento da lógica, que se vê a consideração da linguagem preparar-se para ser abstraída da filosofia, trabalho que levará à constituição da gramática, disciplina que nascerá normativa, sobre o modelo da arte de bem-dizer, tanto na prosa como na poesia. (Neves, 1987, p. 77)

Praticamente os mesmos quadros que asseguram um lugar em uma classe para cada uma das diversas formas da língua constantes da gramática de Dionísio, o Trácio, estão nas nossas gramáticas tradicionais, bem como nelas está o feixe das categorias gramaticais aplicáveis àquela língua, organizando-se as formas em um sistema de flexão, e, com isso, compondo-se paradigmas:

> Na gramática [que então se institui], é visível uma atitude nova, que se configura especialmente pela apresentação de paradigmas isolados dos textos linguísticos, especialmente um quadro exaustivo das "partes do discurso"; elas são entidades linguísticas observáveis por si, isto é, como classes de palavras, e por isso mesmo, organizadas em conjunção com um sistema de flexões. (Neves, 1987, p. 205)

Repetindo, paradigmas podem ser interpretados em dois níveis: num nível imediato, superficial, eles são organizações descritivas – e, portanto, neutras que simplesmente constroem um sistema de entidades, isto é, retratam o que a língua é; num nível mais velado, profundo, eles são organizações modelares – e, portanto, diretivas – que, ao abrigar formas em um sistema, excluem outras formas e, por aí, mesmo sem que se empregue nenhum discurso injuntivo, dizem o que a língua deve ser.

Outro dado relevante que destaco diz respeito ao fato de que a apresentação de cada entidade que compõe os quadros é acompanhada de exemplos, o que acaba marcando os paradigmas como parâmetros, já que tais amostras de linguagem – os exemplos – são escolhidas, para ser apostas, exatamente pelo caráter modelar que lhes é atribuído. Essa é, na verdade, a marca mais evidente do caráter normativo dos manuais tradicionais de gramática, os quais, entretanto, nesse particular, merecem ser distintamente apreciados, segundo o móvel que atua na escolha dos exemplos. Esse móvel, em última análise, se determina pelas condições sociopolíticas que cercam a produção das obras gramaticais. É segundo essas condições que o caráter exemplar das construções oferecidas é mais acentuado ou menos acentuado, exatamente porque é mais visceral ou menos visceral. Em princípio, esse caráter foi muito mais acentuado e profundo, lembremos, na codificação inicial da gramática helenística – ocorrida dentro de um contexto de conflito de culturas e sobrepujamento de uma por outra – do que na história da nossa gramática portuguesa, e especialmente na história recente, em que nenhuma ameaça e nenhum eco de dominação paira sobre o uso da língua.

E especialmente naquela conjuntura, o modelo foi buscado nos escritores considerados exemplares, aqueles que, acreditava-se, se fosse seguida a sua linguagem ficaria preservada a língua:

"A regularidade, o modelo, onde ser buscado? Obviamente, na linguagem dos escritores maiores, especialmente Homero. Faz-se, então, exegese, mas, ao lado disso, procura-se montar paradigmas, procura-se fornecer a explicitação dos padrões que mostrem em que consiste aquela pureza de língua, aquela regularidade que se quer conservar. Desfilam cânones flexionais a serviço da crítica textual e pela primeira vez – na obra dos alexandrinos – encontra-se uma atividade técnica de trabalho com a língua, distinguida de outra atividade não técnica, a de interpretação e crítica de obras literárias. O manual de Dionísio o Trácio (Uhlig, 1883), na sua definição de gramática como "o conhecimento do uso dos poetas e prosadores", espelha exatamente o princípio que inspirava os alexandrinos na sua atividade filológica. E, naturalmente, se o objeto de exame é um uso modelar, o exercício prático tem de ser o de constituição de modelos, como se faz nesse manual. Afinal, há que transmitir os paradigmas instituídos naquela construção modelar que o espírito helênico empreendeu, há que preservar os padrões ideais que grandes obras oferecem, há que garantir a memória de um passado valioso." (Neves, 2002a, p. 31-32)

Esse é o contexto da codificação da gramática no Ocidente; portanto, da nossa gramática, vinda na tradição.

A resolução da tensão estaria no desvendamento das intenções do produtor do discurso gramatical – e, implicado nisso, das suas crenças – aliadas à natureza do contrato que, a partir das intenções e das crenças, ele promove com o seu destinatário, um contrato unilateral, no qual o destinatário é virtual, presente apenas pela imagem que dele faça o produtor do texto, isto é, o gramático. Decorre daí, exatamente, a existência ou não de injunção explícita, o velamento maior ou menor do caráter exemplar das construções apresentadas etc.

Dir-se-ia, por outro lado, que a conjuntura político-cultural do momento responde pelo mais e pelo menos, pelo sim e pelo não, em todas essas marcas. Esse não é, porém, um ponto pacífico, já que nem sempre se podem apontar, nas condições sociais e culturais, móveis para manutenção ou para recrudescimento de pressões normativistas. Se não, vejamos.

Gramática "tradicional"

Voltando ao cenário da codificação da gramática no Ocidente, podemos, com clareza, encontrar, no que nos restou como obra desse processo, todas as marcas da época, especificamente a do pensamento helênico sendo sobrepujado pelo desenvolvimento do poder helenístico.

Toda a gramática tradicional ocidental está afeiçoada à trajetória que culminou na sua instituição. Vista na sua vertente grega, a instituição dessa gramática exibe características centrais que ainda hoje se configuram em obras gramaticais disponíveis.

Ligadas ao uso linguístico, existem sempre, nas diversas comunidades linguísticas, as modalidades não regradas da língua, ao lado de uma modalidade considerada a norma-padrão, à qual se atribuem qualidades "superiores": ela seria mais regular, modelar, e, portanto, deveria ser seguida e perseguida. Isso é particularmente notável na codificação inicial da gramática ocidental, época em que a ameaça de sobrepujamento da língua grega pelos falares "bárbaros", "corrompidos", ou seja, não gregos, conduziu determinantemente nesse sentido toda a feitura das lições que os gramáticos produziam:

> Comprometidas com a existência de uma língua comum (*koiné*) que se distribui por todas as cidades, as noções gramaticais que se codificam associam-se à noção de norma. Levantam-se os quadros de flexão como paradigmas e, paralelamente, levantam-se os desvios e irregularidades que o uso determinou. (Neves, 1987, p. 244)

E, se foi a partir de modelos que a disciplina gramatical se instituiu, ela só poderia nascer modelar:

> Essa gramática, pelas condições em que surge, se institui como exposição e imposição de padrões. (Neves, 1987, orelha do livro)

A DISCIPLINA GRAMATICAL NA ATUALIDADE
A MANUTENÇÃO DE PADRÕES

A natureza dos manuais

Entretanto, lançando os olhos para o que temos hoje, cabe perguntar: por que as gramáticas continuam a veicular padrões? Literatura ameaçada não temos. Língua em extinção não temos, a não ser que demos crédito ao linguista Steven Roger Fischer, que, na Revista *Veja* (05/04/2000, p. 11, 14 e 15), previu o portunhol substituindo o português. Mas isso é novidade, não explicaria o que se vem fazendo há tanto tempo. Temos, porém, **registros**, e a compreensão desse fato é que pode levar-nos a compreender as preocupações atuais, completamente diferentes daquelas que levaram a que a disciplina gramatical fosse instituída.

Hoje os manuais de gramática se organizam num contexto absolutamente diferente. Desde o começo do século, instituídas as ciências em todos os ramos, foi-se formando a ciência da linguagem, que colocou a língua e a linguagem como objeto de estudo, e, a partir daí, ensinou a ver a natureza da linguagem isolada de qualquer vinculação valorativa com poder político, importância social, ou, mesmo, beleza estética.

Ensinando a separar o social do linguístico, a ciência linguística, entretanto, ensinou também, por outros caminhos, a considerar o social no uso da linguagem: os padrões não se impõem ao uso, mas, pelo contrário, os usos estabelecem padrões; os usos são socialmente diferentes, mas essa estratificação não representa diferente valoração, apenas apresenta o reconhecimento de que diferentes usos hão de ser adequados a diferentes situações de uso; assim, a existência de registros não padrão constitui garantia de eficiência de uso.

O papel da Linguística na atual disciplina gramatical

Dois são os grandes marcos de alteração da história da consideração da **gramática** (e, por extensão, da **norma**), no Ocidente, ambos ligados ao desenvolvimento da ciência linguística:

1. O aparecimento dos estudos variacionistas (sociolinguística), que passaram a vincular **padrões** a **usos**, **usos** a **registros**, **registros** a **eficácia**, com isso obtendo reverter a avaliação, no campo da atuação linguística, de **diferença**, como possível **deficiência**, para **diferença**, como garantia de **eficiência** de comunicação.

2. O desenvolvimento dos estudos sobre oralidade (análise da conversação), que passaram a relativizar o **padrão** e a vincular **escolha de padrão** a

modalidade de língua, especialmente no sentido de satisfação das necessidades ditadas pelas características particulares de cada situação, portanto, no sentido de obtenção de **adequação.**

Com todo o desenvolvimento da Linguística, era de esperar que se reconhecesse a variação linguística como uma manifestação evidente da natureza e da essência da linguagem, e, a partir daí, que se considerasse, sem dúvidas, que, se, de um lado, a existência de formas e modos de dizer prestigiados constitui uma realidade que não pode ser negada – e, portanto, tem funcionalidade –, o que isso significa, entretanto, tem de ser avaliado dentro do campo em que o próprio fato se insere, que, obviamente, não é o campo da linguagem. A heterogeneidade não é adventícia à linguagem, pelo contrário, é fator de adequação e eficiência, e afinal, é qualidade, e não defeito, é solução, e não problema.

Pela mesma via, a ciência linguística ainda ensinou a negar valoração a toda e qualquer modalidade de língua: a busca de adequação se estende às diferentes escolhas, de língua falada ou de língua escrita, de um tipo textual ou de outro, de um gênero discursivo ou de outro.

Os verdadeiros gramáticos sabem tudo isso, e obviamente pautam suas lições pelo que sabem. Entretanto, se há uma área do conhecimento em que as descobertas da Linguística têm caído no vazio é a área da disciplina gramatical, seja a considerada pela escola, seja a considerada pelo usuário da língua. Estamos longe de ver o cidadão comum e o professor reconhecendo que a variação linguística é nada mais que a manifestação evidente da essência e da natureza da linguagem, reconhecendo que há um padrão valorizado, sim, mas que o uso do padrão prestigiado não constitui, em si, e intrinsecamente, um uso de boa linguagem, e que essa avaliação só ocorre pelo viés sociocultural, condicionado pelo viés socioeconômico.

A força de sustentação de um padrão modelar

E, na verdade, não é propriamente aos gramáticos tradicionais – embora sempre os chamemos de **normativos** – que podemos atribuir a responsabilidade por essa visão distorcida. Não é exatamente pelos gramáticos que a valorização da "boa linguagem" é, hoje, mantida, como pode fazer pensar a observação superficial do evolver da disciplina gramatical entre nós. Mais que eles – e acima deles – é o povo que tem fascínio pela "boa linguagem", sempre que um pouco de contato com padrões cultos lhe tenha sido permitido.

É a própria comunidade que, sempre com olhos no estrato social em que cada um de seus membros possa situar-se, busca adequar sua linguagem a padrões prestigiados, e, para isso, busca lições explícitas sobre esses padrões. Se os grandes manuais não trazem essas receitas, ela as vai buscar em livretos de receitas, que lhe digam exatamente e simplistamente quais construções **se pode** ou **não se pode** usar.

Explica essa atitude o que diz Savioli (2000, p. 323): "Os homens, apesar de toda a retórica da igualdade, apreciam a diferença. Tanto é verdade que, quando ela não existe, inventam-na. A etiqueta tem esse papel. Não é à toa que o compartimento mais cultuado da língua seja a correção, porque falar correto é um índice marcante de pertinência ao grupo social de mais prestígio".

O raciocínio é este: para que um usuário comum da língua iria querer um manual de gramática, se ele não lhe desse as chaves para ingresso no mundo da "boa linguagem"?

Na sociedade europeia, especialmente a francesa, que foi parâmetro da cultura ocidental, a "boa linguagem" foi a da corte[3], no tempo em que poucos escreviam e liam, passando a ser a dos grandes escritores[4], quando se desenvolveu a cultura letrada e a literatura. A partir de então, em todo o Ocidente, nunca mais o conceito de bom uso se desvinculou dos padrões escritos (e modelares), embora a motivação tenha sido, sempre, não apenas cultural mas também sociopolítica. Não se pode deixar de observar que, fora da Europa, como, por exemplo, no Brasil, o letramento da sociedade foi muito tardio, mas, com muito tempo de diferença, a história se repetiu, embora apenas quanto à fixação do padrão na linguagem escrita. Com efeito, não se pode indicar que, no Brasil, o padrão se tenha fixado, inicialmente, na linguagem (oral) da corte, já que, por razões históricas, nossa corte nunca foi centro de irradiação cultural.

O fato de que, nas sociedades em geral, mas especialmente em alguns países como o Brasil, o mais fácil acesso à cultura tem estado diretamente ligado a uma mais alta posição socioeconômica vem sustentando a estrita vinculação entre valor social e valor intelectual, na definição do padrão linguístico prestigiado, o que representa, em primeiro lugar, a fixação desse padrão na modalidade escrita (e modelar) da língua.

Obviamente essa vinculação é visível na apreciação leiga da questão, e não nas considerações dos estudos linguísticos disponíveis, cientificamente baseados e, portanto, dirigidos por diferente noção de **norma linguística**. Com efeito, na visão leiga, conhecer a língua é conhecer a norma, as prescrições, o uso "correto", e, especialmente, saber explicar os "desvios" e os "acertos". Nenhum linguista terá, nunca, grande popularidade, mas aquele "professor de Português" que se expuser como quem sabe indicar tudo o que **se deve** e o que **não se deve** dizer despertará admiração popular e obterá a aura de sabedoria que nenhum teórico ou analista da linguagem jamais conseguirá.

Isso é confirmado em Leite (1999, p. 220-221), que aponta dois fatos significativos: primeiro, que o público do jornal *Folha de S. Paulo* escreve ao *ombudsman* muito frequentemente para chamar a atenção sobre "escorregões" gramaticais de textos do jornal; segundo, que é de extremo agrado dos leitores uma coluna desse mesmo jornal que funciona no estilo dos consultórios gramaticais e da qual diz Leite que não faz "nenhuma consideração ao uso" (p. 224).

A questão vista no contexto de uma teoria
sobre o funcionamento da linguagem

Do lado do estudioso da teoria e do funcionamento da linguagem, a conversa tem de ser – e tem sido – diferente. Em primeiro lugar, como já observei, o desenvolvimento dos estudos da sociolinguística governa um olhar sobre os usos linguísticos dos falantes que não se esgota na análise superficial das expressões linguísticas. Afinal, usar a linguagem não constitui um fato puramente linguístico, mas cada instância de comunicação é, em primeiro lugar, um evento humano, e, a partir daí, social e cultural.

Podemos desenvolver esse raciocínio explicitando o aparato que a teoria funcionalista da linguagem oferece para avaliação da variação linguística e suas manifestações no uso dos falantes de uma comunidade. Com efeito, uma teoria do funcionamento da linguagem:

a. é dirigida para a questão da comunicação eficiente, a chamada "competência comunicativa" dos falantes, noção que reflete o princípio sociolinguístico de que língua é um sistema inerentemente variável (Labov, 1972 e 1994; Cedergren e Sankoff, 1974 e 1988; Naro, 1981; Tarallo, 1989), e, assim, a heterogeneidade não é um aspecto secundário e acessório da estrutura da linguagem;

b. é inserida em um "modelo de interação verbal" (Dik, 1989; 1997) que se assenta na relação entre "intenção" do falante (baseada na "antecipação da interpretação" do ouvinte) e "interpretação" do ouvinte (baseada na "reconstrução da intenção" do falante), tudo governado pela noção de que a interação bem-sucedida traz modificação na "informação pragmática" dos interlocutores[5]; essa inserção tem contraponto na lição sociolinguística de que a heterogeneidade natural da linguagem propicia o exercício da capacidade que o falante de qualquer língua tem de proceder a escolhas de formas alternativas de que ele pode valer-se (Neves, 2002a, p. 80);

c. afinal, e em consequência, é assentada no ponto de vista de que o "usuário da língua natural" (Dik, 1989; 1997) opera não apenas com "capacidade linguística" mas também com "capacidade epistêmica", "capacidade lógica", "capacidade perceptual", e, afinal, "capacidade social", pela qual não apenas ele sabe o que dizer "mas também como dizê-lo a um parceiro comunicativo particular, numa situação comunicativa particular, para atingir objetivos comunicativos particulares" (Neves, 1997, p.77); essa noção reflete a lição sociolinguística que ensina que todas as variedades de uma língua são suficientemente complexas para cumprir as funções a que se destinam, e que, portanto, nenhuma variedade (e também nenhuma língua) pode ser tida como, em si, limitada ou limitadora, do ponto de vista cognitivo ou perceptual, ficando entendido que a completa adequação resulta realmente de uma escolha sociocomunicativamente dirigida.

Ora, obviamente não se pode entender que o falante estará exercendo plenamente suas "capacidades" de usuário da língua e que estará fechando com sucesso o complicado ciclo da sua interação verbal com a simples atitude de obedientemente engessar suas construções nos moldes que, sem mais, lhe tenham sido entregues, no seu trato com as lições de gramática, como garantidores de bom uso, moldes "legitimados" apenas pelos nomes daqueles doutos que um dia os usaram ou daqueles fornecedores de lições que todo dia entregam por aí pratos feitos de "bom uso" da nossa língua.

Muitos enganos têm de ser revisados. Basta trazermos à discussão aquele processo básico de estruturação da mudança linguística, a gramaticalização vista tanto na diacronia como na sincronia – redescoberto e muito prezado pelos funcionalistas (Givón, 1979, 1984; Lehmann, 1982, 1985; Heine e Reh, 1984; Hopper, 1987; Heine *et alii*, 1991; Traugott e Heine, 1991; Hopper e Traugott, 1993; ver Neves, 1997, p. 113-142), mas presente sempre nas investigações dos estudiosos que se prenderam aos fatos em suas análises, já que se trata de um princípio geral que sustenta a possibilidade da comunicação pela linguagem. É um processo que, simplesmente admitido, já subverte qualquer consideração de que variação é marginalidade e mudança é declínio.

O conceito de gramaticalização tem relação com a ideia de que as gramáticas fornecem os mecanismos de codificação mais eficazes e econômicos para aquelas funções da linguagem que os falantes mais frequentemente precisam cumprir. Assim, as gramáticas codificariam melhor o que os falantes mais usam (Du Bois, 1985, p. 363). A motivação para a gramaticalização – temos de compreender – está nas necessidades comunicativas não satisfeitas pelas formas existentes, bem como na existência de conteúdos cognitivos para os quais não existem – ou existem insuficientes – designações linguísticas (Neves, 1997, p. 130), de tal modo que fique garantido o cumprimento dos propósitos dos falantes e a obtenção das interpretações pretendidas, satisfazendo-se, desse modo, a aplicação das capacidades do usuário daquela língua natural.

Ora, tudo isso implica a colocação da variação e da mudança no cerne da consideração do funcionamento da linguagem. Há uma ligação inegável entre variabilidade linguística e eficiência comunicativa, o que leva a que se coloquem no centro da investigação as questões cujo equacionamento implica conjunção dos aspectos sintático, semântico e pragmático, ou seja, aqueles "desvios" – na verdade, aquelas variações – que ensejam a avaliação das razões e das motivações que levam ou levaram os falantes a abandonar construções erigidas em cânones para adotar – e persistir em – construções estigmatizadas pelas obras normativas.

Vamos para um exemplo prático.

A DISCUSSÃO DE UM TEMA COMO ILUSTRAÇÃO. A GRAMATICALIZAÇÃO COMO UM PROCESSO DE ESTRUTURAÇÃO DA MUDANÇA LINGUÍSTICA

Algumas reflexões sobre um exemplo prático podem ilustrar melhor as considerações que aqui se desenvolveram.

Qualquer pessoa que conheça um mínimo de gramática normativa há de ter consciência de que a concordância que ocorre nas frases a seguir (verbo na primeira pessoa do plural com sujeito representado por *a gente*) é sem apelação condenada, discriminada como pertencente a um falar de pessoa ignorante, um falar grosseiro, e, afinal, "errado":

A gente queremos mudar? (EMB)

*Encostemos pelos becos eu e Tárcio na sombra, era até bom, porque encanava o vento e ficava fresco bem ali onde **a gente fomos** ficando.* (SAR)

Com certeza não se pensará o mesmo da concordância que se assinala em

*No próximo sábado **a gente vai fazer** um piquenique na chácara. Você gostaria de ir também?* (CP)

e em

A gente toma *um táxi e manda rumar para Marrocos.* (A)

e nem mesmo da que se assinala em

*Vou montar uma casa pra você e **a gente vai ficar** sempre **juntos**.* (ETR)

Em construções como essas, *a gente* também se emprega pelo pronome pessoal de primeira pessoa (*nós*), como nas anteriores, apenas a flexão do verbo se mantém pautada pelo sintagma nominal *a gente*, uma terceira pessoa e singular. Embora sejam ainda sentidas como de linguagem coloquial, distensa, as construções desse tipo já não são tão execradas como há algum tempo, quando ainda não se ouvia uma frase como *a gente vamos*, ou *a gente fomos*, uso que já quase legitimou o emprego do sintagma nominal *a gente* pelo pronome de primeira pessoa do plural (como em *a gente vai fazer um piquenique*), desde que a concordância continue sendo feita na terceira pessoa do singular.

Diferentemente julgados, entretanto, os dois tipos de construção convivem pacificamente, e convivem, ainda, com o uso padrão de *a gente*, aquele uso originário em que essa expressão tem o estatuto pleno de sintagma nominal, como se vê em

A gente *do Grotão lhe **dava** segurança, soubera defender-se.* (GRO)

A gente *rica de agora não **se interessa** mais pela Festa do Divino.* (FN)

Vamos, então, convivendo – embora não "pacificamente", porque, como já observei, a comunidade (pouco ou muito) letrada é bastante sensível às restrições estigmatizadoras, e "sofre" com isso – com três usos[6]:

a. O primeiro, historicamente "legítimo",

*Diligente e decidida é quase toda **a gente** desta região, mas também é um tanto intolerante, ainda pouco civilizada.* (AM)

b. O segundo, hoje "tolerável" na linguagem coloquial,

*Bem, **a gente** depois **combina**.* (JM)

c. E o terceiro, ainda "proscrito",

*Eu disse: **a gente podemos enforcar**, que isso não vale nada.* (SAR)

Diante dessas possibilidades de uso diferentemente valorizadas na sociedade, o usuário, segundo a medida que tenha da extensão em que cada construção é proscrita, comporta-se sempre no sentido de preservar-se das discriminações que possam advir de suas escolhas.

Serão os falantes comuns, alheados dos rumos da linguística, e não os autores dos grandes manuais de gramática, que terão mais em mente as restrições do que as explicações, para mover-se nesses usos. Vejamos: para trabalhar com essas variantes, o (verdadeiro) gramático terá o suporte de uma teoria que lhe diz que a gramática é sempre emergente, que as motivações entram em competição, e se suplantam ou não (etc.), e isso certamente o leva para a consideração do percurso de gramaticalização das entidades. Finais de percurso representam novas criações que adquirem, num momento sempre impreciso, foros de legitimidade, como pode exemplificar-se com o uso das chamadas **preposições acidentais**. Por exemplo, em relação a um enunciado como

*Efetivamente quase nada os distinguia, **salvo os rótulos**, que tinham apenas o valor de bandeiras de combate.* (RB),

sabemos que nenhum manual apontará falta de concordância de *salvo* com *os rótulos*, já que a forma *salvo* representa um estágio de gramaticalização, no qual não sobrevive a categoria de flexão em número do particípio, mas, pelo contrário, admite-se a natureza não flexional da preposição.

No caso de *a gente*, temos construções de meio de escala, com a lição viva de um processo em andamento, de desfecho imprevisível.

Considerando os usos aqui mostrados de *a gente*, uma investigação científica dirá que o caso ilustra a **persistência**, um dos princípios de gramaticalização arrolados por Hopper (1991): a ocorrência "tolerável" (como *A gente depois combina*) é exemplo de uma instância (diacronicamente, um estágio) em que permanecem vestígios do significado lexical original (o do sintagma nominal *a gente*, uma terceira pessoa, e com sentido genérico), enquanto a ocorrência "proscrita"

(*A gente podemos enforcar*) é exemplo de uma instância em que esses vestígios são muito mais fracos (restritos ao sentido genérico, com esvaecimento da noção de sintagma nominal, e, consequentemente, da noção de terceira pessoa).

Outro princípio, o da **descategorização**, abrigando a perda ou neutralização dos marcadores morfológicos e das características sintáticas próprias das categorias plenas (como o substantivo), bem como a assunção de atributos próprios das categorias secundárias, também está manifesto nesse bloco de construções, implicando, na instância extrema do desvio, uma variação morfológica que desconsidera o estatuto de terceira pessoa de *a gente* (um sintagma nominal): trata-se de uma flexão, para efeito de concordância, em primeira pessoa do plural, concordância necessariamente ligada a uma categoria pronominal, não substantiva.

O caso ilustra, ainda, a **divergência** e a **estratificação**, outros dois princípios da gramaticalização, pois vigem em coexistência os dois diferentes modos de concordância com a forma quase pronominal *a gente* – uma na terceira pessoa do singular e outra na primeira pessoa do plural – e, ao mesmo tempo, mantém-se vivo o uso original do sintagma nominal *a gente* (como em: *A gente do Grotão lhe dava segurança. A gente rica de agora não se interessa*).

Além disso, por outro princípio, o da **especialização**, fica explicado exatamente o viés social do exame do fato: ficam colocadas em diferentes níveis de valorização sociocultural as diferentes realizações, e o falante escolarizado tem um sentimento natural dessas diferenças, o qual ele ativa quando rejeita a concordância não abonada. Na verdade, as diferentes formas constituem diferentes escolhas para diferentes fins, e isso ocorre, pelo menos durante um espaço de tempo, em variação, como é o caso que se vem examinando (em que uma variedade é mais "popular", e é "condenada"), embora possa ocorrer em situações em que os dois usos sejam socialmente – e, por isso, funcionalmente – diferentes.

O QUE CONCLUIR

Obviamente, o usuário da língua não terá presentes tais indicações ao encontrar, disponíveis para uso, variantes com diferentes aplicações, com diferentes valorações, afinal, com diferentes funções pragmáticas, e, na verdade, isso nada lhe diz. O que ele terá sempre presente, sim, é a necessidade de fazer a melhor escolha no sentido de adequar-se à exigência social da situação em que a construção deve ser empregada, uma necessidade de colocar a seu serviço os modos de expressar-se que a língua lhe faculta e de que ele tem posse. Receitas para essa escolha são a única coisa que ele busca em lições gramaticais, e só para isso ele julga que é interessante e proveitoso consultar um manual de gramática.

Se na nossa sociedade já não se verifica a mesma conjuntura sociopolítica da época da instituição da disciplina gramatical ocidental, que condicionava o nascimento de uma obra abertamente de conduta, se hoje não temos nem língua em extinção nem literatura ameaçada, no entanto as nossas sociedades são extremamente competitivas, e nelas cada um quer assegurar para si todos os meios que considera que sejam garantidores de boa inserção social, e necessariamente entende que a linguagem de prestígio é um dos caminhos essenciais para isso.

Em geral, o usuário não vai satisfazer-se com os grandes manuais tradicionais de gramática, porque neles ele não vai encontrar as lições de conduta absolutamente explicitadas que busca, não vai encontrar padrões escancaradamente ditados, não vai encontrar, afinal, normas claramente prescritas que ele possa, com uma busca muito fácil, transportar para o uso. Por outro lado, nas escolas já não é bem vista a preocupação com as prescrições sobre a linguagem, e, se a gramática é abrigada – mesmo a chamada **tradicional** –, ela simplesmente se exercita na transmissão de paradigmas como esquemas. Sendo assim, o usuário da língua, um ser social que vive cercado de padrões, desassistido na busca de orientação sobre a norma-padrão que há de legitimar sua fala na sociedade em que atua e compete, parte para receitas simplificadas e de transferência imediata, aquelas que ele possa aviar sem muito custo de reflexão. Uma pena!

Notas

[1]   O texto deste capítulo reúne as reflexões desenvolvidas em dois estudos, Neves (2001a) e Neves (2002e).

[2]   Uma cuidada apresentação de "o que significa o termo **gramática**" encontra-se em Schmitz (1997, p. 25-27), que invoca propostas de Culicover (1982), Hartwell (1985), Greenbaum (1987), Gramsci (*apud* Salamini, 1981).

[3]   Trudeau (1992), referindo-se à França do século XVII.

[4]   Brunot (1932), referindo-se à França do século XVIII.

[5]   Esse modelo vem explicitado no capítulo "A gramática: conhecimento e ensino".

[6]   Esses usos se registram também em Portugal, conforme descreve Nascimento (1987).

Norma, bom uso
e prescrição linguística[1]

AS ACEPÇÕES BÁSICAS DO TERMO *NORMA*, NO CAMPO DA LINGUAGEM

O termo **norma** tem duas significações básicas, quando o campo é o da linguagem.

Na primeira, entende-se **norma** como a modalidade linguística "normal", "comum" (Coseriu, 1967 [1951]). Em princípio essa modalidade seria estabelecida pela frequência de uso, e, se se contempla, realmente, o uso linguístico, essa visão, sem fazer valoração, reparte a noção de norma por estratos sociais (variação de uso diastrática), por períodos de tempo (variação de uso diacrônica) por regiões (variação de uso diatópica). A ressalva é que pode tratar-se de uma língua idealizada como "normal", "comum", e, então, a noção é de uma única modalidade, aquela concebida e tida como usual, como "média dos falares", abstraindo-se, por aí, a frequência e a modalidade de uso.

Na segunda significação, o termo **norma** é entendido como o uso regrado, como a modalidade "sabida" por alguns, mas não por outros. Também neste caso, se se contempla a real inserção de tal modalidade "padrão" no uso linguístico, a noção de norma se reparte diastrática, diacrônica e diatopicamente, entretanto com juízo de valor sobre as modalidades, em cada zona de variação: umas são mais prestigiadas que outras. De outro lado, se há uma – e apenas uma – modalidade estabelecida como representação de um padrão desejável, a concepção é ainda mais arbitrária, e sempre se sustenta por autoridade.

Nas duas concepções insere-se a norma na sociedade. Na primeira, o que está em questão é o uso, e, então, a relação com a sociedade aponta para a aglutinação social. Na segunda, trata-se de bom uso, e a relação com a sociedade aponta para a discriminação, criando-se, por aí, estigmas e exclusões. É crucial a diferença.

No domínio interno da organização linguística, outras noções se oferecem à reflexão – por exemplo, a pureza, a vernaculidade, ou mesmo, o logicismo, na língua – mas qualquer uma dessas noções só se liga à norma prescritivista por via de uma relação com parâmetros sociais, aí incluída a autoridade de usuários considerados os sábios da língua (especificamente, os gramáticos). Com efeito, não haveria qualidades internas ao sistema da língua capazes de responder pela fidelidade do uso linguístico a padrões considerados puros ou elevados (purismo), ou pela fidelidade da organização da língua à organização do pensamento (logicismo).

A RELAÇÃO ENTRE PROPRIEDADES LINGUÍSTICAS E PARÂMETROS SOCIAIS

Na compreensão da necessária relação entre propriedades linguísticas e parâmetros sociais fica implicado que ela se faz em duas direções: na direção da língua para a realidade social e na direção desta para a língua. Assim, de um lado, é possível entender-se que a língua (especialmente se tida como monolítica) pode sustentar a identidade de uma sociedade e frear sua fragmentação, mas, por outro lado, pode-se entender que a diversidade social há de configurar uma língua não monolítica, a serviço da diversidade, sem estabelecer-se uma relação necessária com fragmentação. Já observei, em um artigo, que, afinal, já em 1935, Firth desmanchava o mito da existência de uma língua monolítica e homogênea (Neves, 2002a, p. 232).

Foi à escola, como espaço institucional privilegiado de parametrização social, que tradicionalmente se confiou o papel de guardiã da norma regrada e valorizada, daquele bom uso que tem o poder de qualificar o usuário para a obtenção de passaportes sociais, e, portanto, para o trânsito ascendente nos diversos estratos. Foi por aí que se perpetuou, na educação escolar, aquele esquema medieval de associação de modelo de uso com autoridade e com urbanidade, ligando-se sempre o bom uso linguístico à fixidez de parâmetros, e corrupção linguística à alteração e mudança.

A FIXAÇÃO DO PADRÃO DE BOM USO NA MODALIDADE ESCRITA

Obviamente o bom uso se fixou na modalidade escrita, entendendo-se a linguagem falada como território que, por menor, podia abrigar todas as tolerâncias e "transgressões", como se a língua falada não tivesse norma, quase como se não tivesse gramática. Criou-se, na escola, um tal abismo entre as duas modalidades que, no fundo, instituiu-se que a fala (em princípio, a modalidade do aluno) é imperfeita por natureza, e que a língua escrita (em princípio, a modalidade do professor)[2] é a meta a ser atingida, como se não houvesse modalidade-padrão também na fala e como se o conhecimento de um padrão prestigiado, na língua falada, não fosse também desejável.

A marcada imprecisão que se observa no equacionamento das relações entre fala e escrita nas escolas talvez possa ser apontada como um dos maiores fatores dos maus resultados do ensino de língua materna, tanto no que se refere ao desempenho eficiente quanto no que se refere à adequação da linguagem aos padrões socialmente valorizados[3]. Ignora-se a diferente natureza das duas modalidades, ignorância que parte da diferença básica entre a coautoria que caracteriza a produção falada típica – a conversação – e a responsabilidade pessoal e individual do texto escrito. Obviamente, essa é a primeira fonte da menor pressão prescritivista sobre a língua falada: tal pressão se liga, fortemente, às características propriamente linguísticas da produção escrita, e não se dá apenas por motivação social, embora esta seja obviamente relevante, especialmente porque o texto escrito tem perenidade, o que o deixa sob constante observação.

Ora, não há como não ver que, na produção escrita, diferentemente do que ocorre na produção oral, ficam muito evidentes as marcas – e a ausência de marcas – de concordância, de regência, de flexão etc., e, assim, ficam testemunhadas as quebras sintáticas. Numa conversação, que é uma construção coparticipativa, a completude sintática nem é esperada, e, muitas vezes, nem mesmo é desejável, já que repetições, digressões, inserções, correções e, mesmo, hesitações, que, em princípio, truncariam, atropelariam e subverteriam orações, constituem valiosos recursos para encadeamento temático da sequência, para relevo de segmentos, afinal, para condução do fluxo de informação[4]. Além disso, o texto escrito traz, ao menos virtualmente, um fechamento semântico que vem na direção do autor para o leitor, configurado pela intenção do produtor do texto, por mais que este tenha a consciência – e a esperança – de que o leitor seja o construtor final do sentido daquilo que ele "diz", e, por aí, "interaja" com ele, seja seu "interlocutor", para que a finalidade maior da criação do texto se cumpra.

NORMA, VARIEDADE LINGUÍSTICA E ELEIÇÃO DE UMA VARIANTE PARA PRESCRIÇÃO

Apesar de a língua escrita ser o território em que mais se evidencia a obediência, ou não, a modelos prestigiados de uso, pode-se afirmar que em qualquer modalidade de língua se constituem normas que emergem naturalmente da média dos usos nas diferentes situações. A mesma teoria que mostrou que variação e mudança são propriedades constitutivas da linguagem, e que, portanto, existem diferentes e legítimos modos de uso da língua em diferentes lugares, em diferentes tempos e em diferentes situações, mostra, também, que a funcionalidade desses diferentes usos, e, portanto, a sua adequação, incluem a existência de normas, inclusive de uma norma-padrão, socioculturalmente definida e valorizada[5].

A grande questão ainda mal compreendida, e não apenas na visão leiga, é o estabelecimento da fonte de legitimação do prestígio de determinados padrões, isto é, a fixação de quais sejam as razões pelas quais uma determinada construção é, ou não, abonada pelas lições normativas.

Assim, por exemplo, muitas vezes se aponta como modelar um uso porque ele é corrente em escritores "clássicos" da língua, correndo-se o risco de propor lições que ignoram o princípio básico de variabilidade e evolução das línguas. Na verdade, esse modo de estabelecimento de padrões é insustentável. Observe-se que as obras prescritivistas atuais recomendam a regência indireta para o verbo **obedecer** (com complemento iniciado pela preposição **a**), que não é, entretanto, a regência usada por clássicos (não se esqueça que Vieira escreveu "Quem ama obedecerá e guardará meus preceitos" e que Vieira e Euclides da Cunha escreveram "obedecê-los").

Outras vezes, sem apelar para a autoridade da antiguidade, considera-se prestigiado um uso porque ele ocorre em alguns grandes escritores, reconhecendo-se, aparentemente, o princípio básico de variabilidade das línguas, mas ainda permanecendo-se no erro de vencer a ignorância apenas quanto à variabilidade no tempo. De qualquer modo, haverá, ainda, a enfrentar a dificuldade de estabelecer as exatas fronteiras de "legitimidade" e prestígio, já que se encontrarão outros bons escritores que não adotam os mesmos parâmetros.

O QUE CONCLUIR

O simples reconhecimento dessa dificuldade – e a consequente relativização do valor propriamente linguístico de uma norma prescritivista – já seria um grande avanço, e a própria proposição da norma de prestígio já se formularia mais como uma orientação para adequação sociocultural de uso do que como uma receita de "legitimidade" e de "pureza" linguística de determinadas construções. Essas construções, na verdade, em geral se erigiram em modelo porque socioculturalmente representam o uso de uma elite intelectual do momento, e não porque são as "legítimas" e "puras" construções da língua portuguesa, qualidades difíceis de verificar, na quase totalidade dos casos. Não esqueçamos que, dentro de (centenas de) anos, com certeza não serão as mesmas as prescrições, e que, por exemplo, uma preposição que hoje se diz ser exigida no complemento de um verbo, sob pena de cometimento de pecado mortal, pode ser o diabo da vez dentro de algum tempo! Ou vice-versa.

Notas

[1]   Uma primeira versão deste texto foi publicada na revista eletrônica *ComCiência* (http://www.comciencia.br/reportagens/linguagem/frameset/vogt.htm). 2001c.

[2]   Ressalve-se, porém, que, nos dias de hoje, já se verifica uma alteração na variante – especialmente de língua falada – que os professores apresentam, o que se tem explicado pelo fato de que, na sua maioria, eles já provêm de "segmentos populares" da sociedade (Mattos e Silva, 1995; 2002).

[3]   Trato a questão mais especificamente na Parte III.

[4]   Trato a questão mais especificamente na Parte III.

[5]   Está envolvido, aí, o conceito de "exemplaridade", tão bem defendido por Bechara. Diz o grande gramático-filólogo: "Então, mesmo nesse esforço de unidade linguística, existem fracionamentos quer diatópicos, isto é, regionais, quer diastráticos, isto é, de níveis de língua, quer diafásicos, isto é, de estilo. Então a sociedade procura uma outra forma ideal de língua que é a *língua exemplar.* Na exemplaridade idiomática não há mais correto e incorreto, porque o correto se refere à estrutura de cada variante de uma língua histórica". (Bechara, 2000, p. 15)

As relações entre a dicotomia
uso x norma e a disciplina gramática[1]

O CONFRONTO ENTRE O USO E A NORMA NA MODERNIDADE

Num confronto entre uso e norma que se pretenda iluminado por princípios de uma ciência linguística, o primeiro pecado seria fixar as bases do exame naquele esquema antigo clássico de associação de **uso** (*usus*) com rusticidade (*rusticitas*) e de **norma** (*auctoritas*) com urbanidade (*urbanitas*)[2]. Sabemos que a marca desse fosso entre autoridade de modelos e uso popular, entre garantia na fixidez e corrupção na mudança, permaneceu na tradição, e o que é mais interessante, na própria visão do povo, que, como percebemos claramente nos dias de hoje, fala como pode, mas considera e aceita que não fala como deve, quando não tem o padrão autorizado.

No percurso dessa anteposição de forças, até mesmo a fixação do padrão da língua no uso de bons escritores contemporâneos – isto é, a fixação do bom uso sem vinculação com um determinado período do passado – foi uma conquista. Com a desvinculação do passado e a transposição do **bom uso** contemporâneo em norma, continua a imposição de padrões, continua a valorização de modelos, mas um par componente daquele fosso clássico perde posição: a relação de uso (*usus*) com modernidade (*modernitas*) e de autoridade (*auctoritas*) com antiguidade (*uetustas*).

Preciso fazer um parêntese para dizer que a mudança linguística é obviamente reconhecida por qualquer usuário atento da língua. Lembremos, entretanto, que foi a ciência linguística que, com marco em Coseriu, mais que verificar e explicitar mudança na vida das línguas, colocou a variação linguística como uma manifestação evidente da natureza e da essência da linguagem.

O DESENROLAR DO CONFRONTO NO BRASIL

Especialmente na história da língua portuguesa no Brasil, temos ingredientes para ilustrar essa alteração do confronto entre uso e norma, menos preso à crença em uma invariabilidade das línguas. Houve um Brasil colônia submetido política, jurídica e culturalmente a Portugal, e, trezentos anos depois, um Brasil independente, ávido da construção de uma identidade nacional e disposto a um confronto com a antiga metrópole nas questões de cultura e língua, os pontos nevrálgicos da afirmação de uma nacionalidade. Era, afinal, uma nacionalidade que nascia marcante: nova nas cores das muitas raças, nova nos sabores das muitas selvas.

Entretanto, com toda a retórica dos nossos autores românticos nacionalistas (especialmente Alencar, que em nome dessas cores e desses sabores falava), não foi aí que deixamos de colocar autoridade nos "clássicos" portugueses (clássicos entre aspas, porque aí estavam românticos como Herculano, Garrett, Camilo, e aí estava Eça). A reviravolta foi muito depois, com certeza ligada à introdução da disciplina Linguística nos cursos de Letras. Basta examinar os livros didáticos a partir de meados do século XX[3] e acompanhar a mudança em relação a uma *Antologia Nacional* (de Carlos de Laet e Fausto Barreto)[4] ou a um *Trechos seletos* (de Sousa da Silveira). Note-se bem que, nas *Observações gerais* da Reforma Capanema, de 1941, ainda se lê que o professor deve zelar pela língua, "protegê-la das forças **dissolventes** que estão continuamente a assaltá-la" (grifo meu).

A desvinculação se deu atabalhoadamente: povoaram-se os livros didáticos de textos de autores contemporâneos, de crônicas, e, até, de histórias em quadrinhos, que reproduziam, em balões, a língua falada da conversação[5]. Entretanto, o que se apresentava como uma total liberação de parâmetros instituídos não encontrava contraparte na condução das lições (especialmente lições de gramática) que acompanhavam esses textos. Mantinha-se uma gramática de paradigmas, postos agora apenas como esquemas, desacompanhados de um discurso normativo de orientação de emprego, algo como um molde de rótulos de categorias a ser distribuído pela superfície das ocorrências[6]. Com tanta teoria despejada nos livros e nas aulas de Linguística nas universidades, o que os manuais didáticos ofereciam – e foram oferecendo seguidamente – eram lições vazias, exercícios mecânicos, uma gramática pífia. Foi a partir daí que a comunidade de falantes começou a pedir socorro, com base neste raciocínio: de que servem aulas de Língua Portuguesa se não só não fazem refletir sobre a língua como também não oferecem ganho social, porque não logram colocar o indivíduo na "aristocracia" da linguagem?

Quando se diz – como disse Luft (1985, p. 23) – que "a verdadeira gramática" é "flexível" e que a disciplina normativa "tende à fixação e inflexibilidade, portanto à morte", e, ainda, que "a Gramática completa de uma língua deveria registrar a variabilidade e evolução", com certeza não fica implicado que a norma é um conceito a ser descartado. Pelo contrário, a própria "variabilidade e evolução" – que a sociolinguística traduz em "variação e mudança" – é o suporte da consideração da existência de diversos modos de uso, não só em lugares e em tempos diferentes, mas, ainda, em situações diferentes (entendida situação não apenas como contexto, mas como o conjunto que se assenta nos próprios sujeitos das enunciações, com toda a história, a natureza e o estatuto que eles carregam).

A VALIDADE DO CONCEITO DE NORMA

Ora, é a própria consideração da funcionalidade da língua que leva à consideração de que a noção de norma (e não apenas no sentido que lhe dá Coseriu (1967 [1951]) mas também no sentido de "modelo") é inerente à noção de uso linguístico. A primeira ressalva, entretanto – que é ligada, também, à consideração da funcionalidade da língua –, é que, se as normas emergem naturalmente dos usos linguísticos, exatamente por isso a elas não pode vincular-se nenhuma noção de autoridade (*auctoritas*): é do próprio uso (*usus*) que emergem os padrões de adequação que compete observar e seguir, se o que se busca é o bom desempenho em termos socioculturais. São padrões que "gramáticos" poderão registrar, examinando-lhes a natureza e as condições de uso, mas que nenhum gramático poderá instituir como modelo, ditando-os com sua autoridade.

Nem linguisticamente nem socioculturalmente fica aberto terreno para que indivíduos (por mais especialistas que sejam) pontifiquem sobre qual seja a norma legítima.

A INSERÇÃO DO CONFRONTO NA HISTÓRIA DO PENSAMENTO OCIDENTAL SOBRE A LINGUAGEM

Nas diferentes épocas as obras gramaticais diferiram, e, a princípio, pode-se entender que elas tenham estado, a cada momento, respondendo às necessidades sociais. Disso temos certeza quando pomos em consideração a gramática alexandrina, vista no seu modelo, a *Téchne Grammatiké* de Dionísio, o Trácio[7]. Diz o autor que gramática é "o conhecimento prático dos usos correntes dos poetas e prosadores" (Uhlig, 1883). Com efeito, no contexto em que se codificou (final do século II, início do século I a.C.) a obra tinha de definir-se como centrada na linguagem dos escritores modelares, já que para isso ela se instituía, sob "ameaça" do abandono dos usos helênicos por pressão das línguas "bárbaras" adventícias. A finalidade é a perpetuação dos cânones do grego clássico para evitar a "barbarização", o "abastardamento" da língua. Já não há tanta certeza dessa necessidade de natureza prescritiva naquele grande edifício gramatical que Apolônio Díscolo (Schneider e Uhlig, 1867-1910) construiu já praticamente no século II d.C.; e, no entanto, na sua *Sintaxe*, Apolônio também diz que a finalidade da obra é explicar os textos poéticos (Neves, 1987).

A FACE SOCIAL DA CONSIDERAÇÃO DA EXISTÊNCIA DE DIFERENTES MODOS DE USO

E por aí adiante, temos de pôr em dúvida se, de fato, as obras gramaticais atendem às necessidades sociais, ou, pelo menos, se há alguma agilidade nessa relação entre as necessidades da sociedade e o produto colocado à sua disposição. Fixemo-nos, especificamente, nos primórdios da atividade de codificação da gramática no Brasil, e veremos, em 1536, Fernão de Oliveira com uma gramática que passa de leve, sem muita sistematicidade, e saborosamente, sobre alguns fatos da linguagem, e quase concomitantemente, em 1540, João de Barros (segundo consta, com muito mais sucesso), com uma obra prescritivista que vê na gramática "um modo certo e justo de falar e escrever, colheito do uso e autoridade dos barões doutos" (*Textos...*, 1969, p. 52).

Uma resposta ao social – mas, em se tratando de linguagem, na sua forma mais indesejável, que é a submissão ao oficializado – vemos na massificação que se verificou logo após a instituição arbitrada e legalizada da Nomenclatura Gramatical Brasileira (NGB). No bolo de gramáticas subsequentes a essa instituição, isto é, a partir dos anos 60 do século XX – ressalvadas as honrosas exceções – pouco se poderia encontrar que não fosse a apresentação de paradigmas (à moda da velha *Téchne Grammatiké*), só que agora sob o molde da NGB.

Se digo **paradigmas**, entretanto não digo **modelos**, no sentido de "exemplaridade". As gramáticas – voltadas para uma aplicação didática, escolar – passaram a cumprir o papel "social" de rechear a proposta oficializada, a NGB – que é um simples recorte de campo, um "esquemão", um "molde", como eu já disse – com definições e exemplos. O que resta de "exemplaridade" está exatamente nos exemplos, nos quais se mantêm tanto *urbanitas* como *auctoritas*, mas já não há lugar para *uetustas*, isto é, para o culto da "antiguidade". Já ninguém ousaria falar em mudança linguística como abastardamento ou decadência. Já ninguém diria uma frase como a de Cândido de Figueiredo (1900, p. 7): "Se da decadência da língua é lícito inferir a decadência da respectiva nacionalidade, Portugal tem decaído muito".

A DISCUSSÃO DE UM TEMA COMO ILUSTRAÇÃO: A ARTIFICIALIDADE DA INSTITUIÇÃO DE REGRAS RÍGIDAS NA ANÁLISE LINGUÍSTICA

Aqui vai um exemplo da situação criada. Pode-se perguntar por que não reconhecer, nas circunstâncias de uso efetivo, as evidências de que um falante, com certeza, diz melhor o que quer dizer usando

O prefeito Miguel Colasuonno deixou o Ibirapuera e, durante toda a manhã, **assistiu** *o desenrolar da tragédia.* (FSP)

do que

O prefeito Miguel Colasuonno deixou o Ibirapuera e, durante toda a manhã, **assistiu** *AO desenrolar da tragédia.*

já que, na essência, ele quer dizer que Fulano "**viu** o desenrolar da tragédia".

O fato de que a gramática codificada na tradição diz que *assistir* é um verbo transitivo indireto não é garantia de que a relação que hoje os falantes sentem que estabelecem entre *assistir* e *televisão*, por exemplo, seja uma relação codificável de modo indireto, intermediada por preposição. Numa observação jocosa, poderíamos até dizer que, com certeza, **o que** *se assiste* hoje não são as mesmas coisas **a que** *se assistia* quando os manuais registraram pela primeira vez – e para sempre – que a preposição é obrigatória, bem como que o verbo *assistir* "não vai" para a voz passiva, embora todos saibam que se diz normalmente

O recital **foi assistido** *por cerca de 1.000 pessoas.* (FSP)

A primeira lição que se tira desse exercício é que o ponto de partida – e o de chegada – é semântico, fato reconhecido e tratado nos estudos de gramaticalização, especialmente na consideração da unidirecionalidade do processo (Heine *et alii*, 1991). Isso só confirma que a mudança está a serviço da busca de mais exata expressão, e, consequentemente, de mais eficiente uso da linguagem. Lembre-se que o sujeito de *assistir* é, no caso, estabelecido como experimentador de um processo (o processo de "ver"), e essa função semântica não é, em princípio, de codificação indireta.

Outra lição importante é que qualquer prescrição que se apoie numa categorização de entidades gramaticais em unidades discretas não terá sustentação, já que o caráter vivo da linguagem implica movimentação das peças que se arranjam, sendo o rearranjo do conjunto uma solução – e não um problema – resultante da variação dos usos, a serviço da eficácia do desempenho linguístico.

Quem diria que não são eficientes intensificações como as que se fazem nestas amostras do registro distenso, em que sintagmas nominais (preposicionados ou não) se usam para efeito de intensificação positiva ou negativa?[8]

Ficamos fofocando a noite inteira, e ela ria **pra burro** *das nossas abobrinhas.* (FAV)

Passada a zonzura, percebeu que fazia um calor **de matar**. (VER)

Tivemos uma sorte **dos diabos**. (ACM)

Também o bicho era feio mesmo; feio **de doer**. (CR)

*Achava o Beto um sujeito lindo **de morrer**.* (BE)

*Não brinca comigo, Bocão, é tarde **pra cacete**.* (FSP)

*Eu curtia **horrores** os dois minutos que durava o café da manhã.* (FAV)

*Também foi um tratamento difícil **barbaridade**.* (AVL)

*Durante todo o tempo que conversamos, não disse **bolacha**.* (AL)

*Eles não entendem **patavina** de cascalho.* (CAS)

*Mas o índio não entendeu **bulhufas**.* (BP)

*Mas eu não me incomodava **um pingo** com o Bergman.* (DE)

Ou que não é eficiente o uso destes sintagmas, em que adjetivos referentes a cores (fortes) ou referentes a qualidades extremas também se usam como intensificadores?

***Roxo de raiva**, o capitão decidiu escolher três dos retardatários para punir com 200 pranchadas cada um.* (VPB)

*Ficava VERDE **de raiva**.* (VB)

*Eu estava MORTO **de fome**.* (CEN)

*Tá desse jeito, PODRE **de bêbado**...* (AS)

*Eu presenciava tudo calado, MOÍDO **de dor** na consciência.* (REL)

*João Soares não respondeu, CAÍDO **de sono**.* (V)

O difícil é o corte de fronteira, tradicionalmente decidido indiscriminadamente por *auctoritas*, pontificando-se com o "pode" ou "não pode", o "deve" ou "não deve", o "legítimo" ou "não legítimo", sem indicação de critérios. Até se poderia propor que, no geral, haja três grandes tipos de "desvios" da norma, e que, de certo modo, pela diferente natureza, eles correspondam a diferentes julgamentos de "mérito".

• O primeiro é aquele em que a forma recomendada é estabelecida por convenção pública e tem força de lei, caso, por exemplo, do emprego do hífen com prefixos, do uso de maiúsculas, e, em geral, de ortografia; nesse caso, existiriam, propriamente transgressões (obviamente, não de cunho linguístico).

• O segundo é aquele em que, de fato, não se podem prover mecanismos linguísticos que respondam por usos vigentes, como o emprego de uma categoria gramatical no ponto de distribuição de outra: por exemplo, o emprego do acento grave, indicador de crase, em um elemento *a* que, naquele ponto de distribuição, só pode ser preposição, ou casos como o emprego de *há* (verbo) por **a** preposição, ou vice-versa, em frases como *Estamos há 8 meses da Copa do Mundo*, ou em *Eles chegaram a 8 meses*; nesses casos, existiriam, realmente "aberrações" linguísticas.

- O terceiro grupo, entretanto – que é numericamente muito significativo – nada mais representa que variação, a mais cabal prova da vida das línguas: diferentes modos de dizer as coisas, em diferentes registros, em diferentes situações, atendendo a diferentes intenções e diferentes projeções de inter-pretação. Caracterizado especificamente por sempre novas criações (seja lexicais, seja sintáticas, seja de uso funcional de itens lexicais), esse grupo tem de entrar em outra ordem de apreciação.

Ora, não se pode entender que seja na submissão a regras estabelecidas em empregos registrados em outras épocas, próprios de outros gêneros de discurso e pertencentes a outros registros linguísticos, que um falante, numa situação parti-cular – e sempre única – de comunicação, obterá condições de exercer plenamente suas "capacidades"[9] de usuário da língua, e chegar a uma comunicação eficiente, fechando com sucesso um circuito tão complexo como o da interação verbal.

Por isso, exatamente, a questão da gramaticalização[10] – vista tanto na dia-cronia como na sincronia – encontrou abrigo tão natural nos estudos funcionalistas da linguagem. Obviamente não foram os funcionalistas que descobriram a grama-ticalização. Esse processo estruturador da mudança linguística, hoje tão estudado, especialmente quanto à sua caracterização em organizações seriadas, já foi natural objeto de reflexão de pensadores argutos, por exemplo Cassirer (1923-1929, p. 159 *apud* Schlieben-Lange, 1994, p. 236), que observou que "a expressão de relações de espaço está intimamente ligada a determinadas palavras orgânicas, entre as quais as palavras que designam partes singulares do corpo humano ocupam o primeiro lugar". Entretanto, o lugar que a explicitação desse processo ocupa na teoria funcionalista é uma importante evidência de que não há como desconhecer as questões ligadas à mu-dança e à variação linguística, e isso não apenas no sentido de detectar os processos que se verificam em uma dada língua, mas especialmente no sentido de compreender o princípio geral que sustenta a possibilidade da comunicação pela linguagem.

O QUE CONCLUIR

Um conhecimento mínimo das descobertas da sociolinguística, uma noção mínima dos conceitos de variação e mudança bastam para alijar das obras gramati-cais a colocação explícita de preconceitos contra a *modernitas*. Temos de confessar, entretanto, que não há ainda lugar para a *rusticitas*: é pacífica a ideia de que, lin-guisticamente, não existem comunidades homogêneas e de que a heterogeneidade é inevitável, mas é menos pacífica a ideia de que, dentro dessa heterogeneidade, qualquer estrato seja bem-aceito. A própria noção natural das comunidades de que a língua vernácula é fator de aglutinação social, é símbolo da consciência nacional, leva à noção de que deve existir um padrão uniforme que constitua a norma de eleição – uma norma que não será rústica, que há de ser urbana – à qual deve submeter-se aquele que deseja ser visto como detentor do uso linguístico de prestígio.

Assim, não é legítimo descartar simplesmente prescrição, como se não fosse uma realidade – e legítima – o enfrentamento da pressão da norma prescritiva pelo falante da língua. Por isso, pelo vigor da noção de norma, cabe ao linguista assumir o seu papel, que não é apenas o de combater – sem mais – a atitude prescritivista. Ele é quem sabe, em cada caso de "desvio" (na verdade, de variação), refletir sobre o que ocorre, e, assim, não lhe é lícito deixar o campo para quem venha responder a essa necessidade alheado de compromisso com a ciência linguística. O importante é que, com isso, vai-se inverter a direção: vai-se partir dos usos (explicá-los, do ponto de vista linguístico, que é o da ação, e do ponto de vista sociocultural, que é o da valoração), e daí é que há de surgir, naturalmente, a norma (ou as normas), não da autoridade de quem quer que seja, coloque-se no passado ou no presente essa fonte de autoridade.

Notas

[1] O texto deste capítulo reúne as reflexões desenvolvidas em conferência pronunciada no II Congresso Internacional da Abralin, publicadas em Neves (2002f).

[2] Trato essa questão mais detidamente no capítulo "A fixação da norma-padrão: a fonte e os limites".

[3] Aponte-se, nos anos 60, o desenvolvimento da etnometodologia, com Dell Hymes, Gumperz, Erickson.

[4] A Antologia Nacional tem merecido cuidadosos estudos de linguistas. Citem-se Fiorin (1997) e Soares (2001).

[5] Volto a tratar a questão na Parte III.

[6] A noção de **paradigma** é tratada, numa visão histórica, no capítulo "A natureza da disciplina *gramática* – Visão histórica" e a ela volto no capítulo "As relações entre ciência linguística, uso linguístico e as noções de 'certo' e 'errado'".

[7] Dessa obra se trazem referências no capítulo "A natureza da disciplina *gramática* – Visão histórica" e no capítulo "Para uma gramática escolar. Linguística, uso linguístico e gramática na escola".

[8] Ver Neves 2002a, p. 180-181.

[9] O tema é tratado no capítulo "A natureza da disciplina *gramática* – Visão histórica"

[10] O tema é tratado no capítulo "A natureza da disciplina *gramática* – Visão histórica"

As relações entre ciência linguística, uso linguístico e as noções de "certo" e "errado"[1]

O TEMA PRESCRIÇÃO. AINDA UMA VEZ A INSERÇÃO HISTÓRICA

O tema **prescrição** é tabu entre os linguistas. Constituindo naturalmente um dos tópicos necessários da atividade metalinguística (inaugurada pela ciência linguística), entretanto a prescrição sempre foi alijada das discussões dos linguistas, a não ser para dizer-se que a questão é sociocultural, e não linguística.

Ora, vejamos. Nas nossas culturas ocidentais modernas, antes do advento da ciência linguística, a prescrição era simplesmente uma prática: produziam-se as obras (as gramáticas) para estabelecer-se a norma, que, independentemente do discurso adotado (fosse, ou não, uma formulação deôntica, uma formulação impositiva), constituía o modelo a ser seguido. É o que se tem chamado, respectivamente, de **norma explícita** e **norma implícita**.

Os paradigmas como modelos

Isso já está na história ocidental das obras gramaticais[2]. Quando se dizia, ao longo da história, que as gramáticas (inclusive a gramática alexandrina inaugural) registravam paradigmas, o que se dizia é que elas registravam não apenas **esquemas**, mas, ainda, **modelos**. Por exemplo, o tão comum registro das conjugações verbais (como: *eu vou, tu vais, ele vai, nós vamos...*), aparentemente o simples registro de um esquema neutro e descritivo que se autossustenta, é, na verdade, o registro de um parâmetro modelar, que exclui, por exemplo, formas como *tu vai, nós vai*, e que não abriga, portanto, o esquema completo das realizações efetivas, e, mais que isso, que erige e consagra um sistema que cala e desconhece qualquer outra forma que não as que compõem o paradigma, por mais vivo que esteja seu uso.

Todos sabemos que essa é a herança da tradição gramatical do Ocidente, que nasceu, no período helenístico, de uma atividade (digamos assim) redentora, um resgate da "boa linguagem" (a dos grandes escritores gregos, especialmente Homero), linguagem então "ameaçada de deturpação" pela fala bárbara, ou seja, pela fala de não gregos, os quais, pela força de sobrepujar o poder helênico, contagiavam a pureza de seus padrões. E aí surgiram os manuais de gramática, não como ciência, mas como técnica e arte: a partir das obras modelares compunham-se, expunham-se (e impunham-se) os paradigmas, entendidos como os padrões que explicitavam em que consistia a "pureza" e a "regularidade" daquela língua que urgia defender e conservar[3].

Norma e regularidade. Analogia e anomalia. O helenismo e as especulações etimológicas

É importante lembrar aqui o mito da regularidade. As formas que se oferecem, dentro desse contexto, constituem aquilo que se considera regular, o que, na verdade, representa o mais extremo grau de conferimento, a elementos linguísticos, de qualidades internas à própria língua, independentemente de valorização externa (confessada ou consciente), ou seja, de valorização sociopolítico-cultural. E aqui cabe um excurso de interpretação.

Não se pode imputar a não descoberta de que a língua não se faz de regularidades aos pensadores gregos que sustentaram a codificação gramatical subsequente. Eles souberam, sim, ver isso muito bem. É notória, na história do pensamento grego que culminou com a organização da gramática, a tensão entre analogia e anomalia, que, juntamente com a sua contraparte prática, o helenismo, foi especialmente relevante no período estoico. Quando eu trato do helenismo no meu livro *A vertente grega da gramática tradicional* (Neves, 1987, p. 97), eu digo: "Diógenes Laércio cita livros de Crisipo que tratam do problema do consenso, aproximadamente aquilo que hoje chamamos **norma linguística**"[4]. Digo também que "os estoicos insistem nas qualidades da linguagem: clareza, concisão, conveniência, propriedade, e, especialmente, helenismo, que é o uso da expressão autenticamente grega, não comprometida pelo elemento estranho" (Neves, 1987, p. 98). Aliás, lembre-se que o verbo *hellenízein* (referente ao "dizer bem" helênico) já está em Aristóteles (*Retórica* III, 5: 1407 a 1420), mas, com os estoicos, o peso desse conceito é outro, já que, além de serem diferentes as condições políticas (com a destruição da *pólis* grega) e sociais (com o confronto de culturas estranhas), ainda há características particulares da filosofia estoica: ela tem três partes (a física, a moral e a lógica), mas é a lógica que serve para fazer compreender tudo (como diz Diógenes Laércio VII: 83), isto é, que serve para também fazer compreender as outras duas partes (a física e a moral). Ela tem como objeto o *lektón* ("aquilo que é dito"), isto é, ela tem em seu centro a linguagem, pois "o pensamento só pode ser concebido desde que traduzido em discurso" (Diógenes Laércio VII: 83). E cada uma das duas partes da lógica estoica (a retórica e a dialética) é definida como "ciência do bem-dizer": "a retórica é a ciência do bem-dizer em discursos em continuidade, e a dialética é a ciência do reto discutir em discursos divididos em perguntas e respostas" (Diógenes Laércio VII: 42). Além disso, apenas a linguagem com qualidade, a linguagem reta, a *orthòs lógos*, é a linguagem natural, a que está de acordo com a natureza das coisas (o lema é: "tudo que é justo vem da natureza"). Desse modo, a busca que se faz é a busca da justeza, ou correção, da linguagem, e, consequentemente – dentro dessa filosofia –, é a procura deliberada de conferir caráter natural à linguagem.

Essa busca prática de preservação do helenismo implicou, na direção teórica, as especulações etimológicas. Se o nome de um objeto é natural, ele concorda com o objeto, ele é verdade (*étymon*). A etimologia foi uma tarefa do âmbito da dialética (portanto, da lógica), representando a verificação da concordância entre o nome e a coisa denominada, e constituindo-se na revelação, no testemunho das verdades que os nomes (que são "étimos") encerram. Se existe tal correspondência entre linguagem e pensamento, o estudo da linguagem é o estudo da expressão de conceitos: as representações mentais se formam, naturalmente, com as sensações (a "impressão clara", ou a "evidência dos sentidos", como está em Sexto Empírico, em *Pròs geométras*, p. 40-42 e em *Pròs ethikoús*, p. 250, respectivamente), e a partir das sensações se "transferem", o que se dá por vários tipos de processos de inferência analógica, que é aquela em que do sensível se passa ao inteligível.

A instituição da disciplina gramatical e sua base na analogia

Ocorre, porém, que, buscando dialeticamente essa correspondência (natural) entre a linguagem e o pensamento, buscando a etimologia – que implicava a analogia –, os estoicos depararam com a anomalia dos fatos linguísticos: àquela regularidade universal, concebida pela lógica, não corresponde uma regularidade linguística, e já se reconhece, então, uma separação entre a origem da linguagem e o seu funcionamento. Daí a importância que assumiu, nas investigações dos estoicos, a controvérsia entre analogia e anomalia, uma questão que envolvia aspectos teóricos e aspectos práticos, exatamente porque nascia do conflito a que chegavam as investigações teóricas sobre etimologia (que é a busca da origem natural, e, a partir daí, da "verdade") e as investigações práticas sobre helenismo (que é a busca dos testemunhos de um funcionamento que espelhasse essa condição natural, busca que se "frustrou", podemos dizer). Assim, por exemplo, nas buscas etimológicas já se admitiam fatos como a homonímia e a polionímia, que contrariavam as exigências da dialética e que baralhavam o percurso "natural": por exemplo, encontravam-se palavras que se agrupavam pelo som, mas não se relacionavam conceptualmente, e vice-versa. Verificou-se, pois, que falta *lógos* (no sentido lógico, "racionalidade") no *lógos* (no sentido gramatical, "enunciado").

Foi notável o fato de que, na sua busca teórica de comprovação da analogia (base de sua concepção naturalista da linguagem), os estoicos admitiram, entretanto, a anomalia dos fatos linguísticos, chegando a estudá-la. Assim, apontaram, por exemplo: palavras que são masculinas quanto à forma, e assim são chamadas, mas não quanto ao conceito; palavras que são conjunções quanto à forma, e assim são chamadas, mas que, segundo o sentido, são expletivos; palavras que têm conteúdo negativo e expressão positiva (como **cegueira, surdez**), e vice-versa (como **imortal**, uma propriedade positiva com expressão negativa).

O que importava, realmente, era encontrar analogias, e buscar na linguagem as suas propriedades naturais, isto é, a relação existente entre regularidade e semelhança dos objetos e regularidade e semelhança da expressão. E essa busca constituiu uma atividade prática (tanto filosófica como crítica) importante no período helenístico.

Como é evidente, não foram os anomalistas, mas os analogistas que, afinal, fundaram a gramática. Entretanto, a consciência de que o funcionamento linguístico não se faz de regularidades estava plenamente instituída. Assim, como eu dizia, a falta de uma consciência disso – em toda a tradição – não pode ser atribuída aos gramáticos, já que tiveram essa consciência até mesmo aqueles que tinham como finalidade de atuação a comprovação da regularidade da linguagem (a comprovação da correspondência natural entre a linguagem e seu ponto de origem – a sensação – por via do pensamento).

A FACE TEÓRICA E A FACE PRÁTICA DA REGULARIDADE

Ressalte-se, também, que a questão de busca de regularidade na linguagem já tem duas faces: a teórica, interna à linguagem, e a prática, que relaciona a linguagem às condições de uso.

No que respeita à atividade dos filósofos (no caso, os estoicos), o teórico é o lógico, especificamente na etimologia, obviamente não no sentido atual desse termo (que é o de busca da origem das palavras num processo de derivação de outra língua), mas no sentido de busca da origem das palavras no interior da própria língua, a partir das sensações até os conceitos. Por outro lado, o prático é também filosófico (não ainda filológico), especificamente no helenismo, que é basicamente considerado como a concretização da analogia linguística, e que, vinculado ao uso, exclui tanto o barbarismo (a linguagem não grega) como o dialeto (a linguagem grega que não constitui o padrão constante).

Observe-se que, hoje, instalada e desenvolvida a ciência linguística, os estudos sobre norma também se baseiam na assunção de que existem duas direções de investigação: "a norma em relação à própria língua" e "a norma em relação à sociedade"[5].

O tratamento leigo da questão desconhece e mascara essas diferentes relações, e o que vemos é, por exemplo, tratada como linguística a noção de erro, francamente social (porque implica transgressão passível de sanção) e que não pode explicar-se no interior do processamento linguístico. Por exemplo, que explicação linguística se dará para a recomendação de dizer-se, em português, *Eu visava ao meu bem-estar*, e não *Eu visava o meu bem-estar*, querendo dizer *Eu tinha em vista o meu bem-estar*? Ou que explicação linguística – ou, mesmo, lógica – se dará para a recomendação de dizer-se, em português *Há pessoas mais inteligentes do que outras*, com o verbo existencial no singular, mas dizer-se *Existem pessoas mais inteligentes do que outras*, com o verbo existencial no plural?

O LUGAR DA NORMA NA CIÊNCIA LINGUÍSTICA

O padrão como determinação social

O interessante é que não cabe aos que trabalham com a linguagem combater a existência de pressão social sobre os usos linguísticos, já que a língua é um dos instrumentos (e fundamental) nas relações da sociedade, e não escapa de uma inserção nos padrões de determinação social. Cabe, sim, acompanhar essas formas de pressão, até porque elas variam no tempo e no espaço, subordinadas à natureza das relações sociais do momento e do lugar. Assim, se tomarmos a noção historicamente válida de língua como fator de aglutinação social (exatamente por ser o passaporte por excelência da integração nas transações sociais), veremos que tanto mais vale a norma prescritiva, dentro dessa noção, quanto mais estática seja a sociedade: uma grande mobilidade social, numa sociedade, há de implicar uma relativização da modalidade linguística de prestígio, tanto sincronicamente (na visão diastrática que institui uma das camadas como privilegiada), como diacronicamente (na busca histórica de modalidades valorizadas, por exemplo, na velha atitude de buscar a norma de prestígio nos autores chamados **clássicos**).

O padrão como determinação estética

Se tomamos outra noção historicamente conhecida, a de norma como a modalidade do dizer belo, elegante, de bom gosto, entenderemos, por exemplo, as velhas lições que estabeleciam num compartimento chamado **estilística** as figuras de linguagem (de palavra, de sintaxe, de pensamento), todas elas consistindo de realizações não usuais léxicas ou estruturais, e que rotulavam as mesmas realizações como **vícios de linguagem** (pleonasmos, inversões, concordâncias ideológicas, anacolutos etc.). Explicando: certos termos ou certos torneios desviantes têm beleza e elegância na pena dos "bons escritores", mas, na pena dos alunos, por exemplo (especialmente de classes baixas), hão de ser vistos como "vícios".

Tudo isso é problemático, mas, pelo menos, tem explicação sociocultural, o que legitima, de certo modo, as preocupações: a língua que uma pessoa usa numa sociedade constitui, realmente, parâmetro de valoração.

O padrão como determinação linguística

As aberrações surgem, na verdade, quando se instituem fora do uso real as fontes das quais emana a autoridade de fixação da norma a ser seguida. Imagine-se a indicação a um usuário (a um aluno, por exemplo) de que tal ou tal construção pode ser usada porque Rocha Lima, ou Celso Cunha ou Evanildo Bechara a abrigam, ou de que tal ou tal palavra existe porque está no dicionário Aurélio ou no Houaiss. E não me parece que seja aos gramáticos que se possa imputar o "desvio" (nos termos de Castilho, 1980, p. 12) de atribuir a si o papel decisivo de fixação de regra. Trata-se de um vezo das nossas sociedades ocidentais, que se escudam na autoridade dos gramáticos, como se ainda hoje eles operassem como operavam os gramáticos alexandrinos (pais das nossas obras gramaticais), que faziam a exegese dos escritores geniais da literatura grega (especialmente Homero), exatamente para, com base em seus usos, estabelecer os padrões da língua pura, não corrompida por barbarismos.

AS FONTES DE JULGAMENTO DA NORMA E A VINCULAÇÃO DO CONCEITO DE NORMA À NATUREZA DA LINGUAGEM

E aqui voltamos à confusão entre julgamento externo (social) e julgamento interno (linguístico) de norma-padrão.

Vimos que uma incursão filosófica como a estoica (embora contaminada, de certo modo, com a situação do momento de confronto de culturas e de perda de hegemonia do grego) realmente se sustenta alheada de julgamento social: a busca de autenticidade, de legitimidade, e até de perfeição, pode ter sustentação numa lógica que confronta regularidade de conceitos e regularidade de formas, mesmo porque o que estava em questão, em princípio, não era a língua, mas o pensamento. Entretanto, numa visão em que o objeto de exame é a própria língua, qualquer busca de estabelecimento de padrão alheada do entorno social é falsa: nenhuma palavra ou construção é em si e por si perfeita ou autêntica, e, é, portanto, modelar; nenhum modo de dizer é, em si e por si, o melhor ou o único a merecer uso; nenhuma forma é, em si e por si, pura e fiel.

Nem por qualidades intrínsecas nem por julgamento de autoridade (por exemplo, de gramáticos ou dicionaristas) uma expressão ou construção pode ser garantida, absolutamente, como a única possível. Um mínimo de conhecimento do funcionamento da linguagem assegura a compreensão de que:

a. a heterogeneidade é constitutiva da estrutura da linguagem, pois a língua é um sistema inerentemente variável (Labov, 1972 e 1994; Cedergren e Sankoff, 1974 e 1988; Naro, 1981; Tarallo, 1989) (princípio sociolinguístico);

b. todas as variedades de uma língua têm a complexidade suficiente para cumprir as funções a que se destinam, não havendo nenhuma variedade (assim como não há nenhuma língua) que tenha limitações cognitivas ou perceptuais (princípio sociolinguístico);

c. respeitadas as restrições do sistema – pelas quais a própria competência linguística inata dos falantes se responsabiliza – a interação verbal se cumpre com base na adequação das expressões linguísticas à natureza particular daquele determinado evento comunicativo, com atenção dos interlocutores para que, a cada momento, se obtenha a "reconstrução da intenção" do falante, o qual formula seus enunciados sempre também com base na "antecipação da interpretação" do ouvinte (Dik, 1989 e 1997); com uma margem muito grande de liberdade organizacional de sua linguagem, os falantes se governam, na construção de seus enunciados, fundamentalmente, pela necessidade e pelo desejo de sucesso na interação (Neves, 1997) (princípio funcionalista);

d. o que fundamenta e decide a natureza das expressões linguísticas é o exercício da capacidade que qualquer falante da língua tem (capacidade linguística, epistêmica, lógica, perceptual, e – acentue-se – social) de proceder a escolhas de formas alternativas à sua disposição (Neves, 2002a, p. 80) (princípio funcionalista).

Afinal, do jogo das pressões resulta o equilíbrio, um equilíbrio salutarmente instável, e isso ocorre exatamente pela variabilidade e pelo dinamismo da língua, pela adaptabilidade do sistema. É isso, ainda, que anula a admissão da existência de moldes e modelos previamente oferecidos (por "autoridades") aos falantes, como chave para seu exercício da linguagem.

O QUE CONCLUIR

Não é por nada disso, entretanto, que ao linguista cabe apenas declarar guerra à atitude prescritivista, alheando-se da discussão e ignorando a necessidade que o usuário tem de orientação sobre os padrões linguísticos de eleição na sociedade[6]. Ao linguista – e ao gramático legítimo – não é facultado ensejar que essa função sociopolítico-cultural seja preenchida por empacotadores de preceitos, sem preparo e sem legitimidade para tratar as relações entre ciência linguística e prescrição linguística, e, portanto, sem legitimidade para distribuir lições. É apenas do estabelecimento seguro de tais relações que pode nascer o necessário equilíbrio. Um simples exemplo: do desenvolvimento da análise da conversação, que evidenciou as peculiaridades da língua falada, terão sido valorizadas as construções não padrão – o que podia propiciar a completa abolição de julgamentos sobre os diferentes usos linguísticos – mas, por outro lado, dos desenvolvimentos da sociolinguística já se terá aberto suporte para a inserção desses julgamentos em componentes de natureza sociocultural[7].

Assim, não é bem o caso de simplesmente invectivar contra a existência de uma norma prestigiada. Na verdade, uma visão leiga da questão pode fazer que até aqueles que combatem o prescritivismo embarquem no mesmo raciocínio daqueles que pregam regras de conduta para o uso linguístico. Lembremos o delicioso poema-minuto do moderno iconoclasta Oswald de Andrade (década de 1920 do século XX):

Dê-me um cigarro

diz a gramática

do professor e do aluno

e do mulato sabido

mas o bom branco e o bom negro

da nação brasileira

dizem todos os dias

– deixa disso camarada

me dá um cigarro.

(ANDRADE, O. *Poesias reunidas*. São Paulo: Difusão Europeia do Livro, 1966)

O que se nota, aí, é que, à força de conviver com uma cultura que lhe diz que há acerto, na linguagem culta, e erro, na linguagem popular, o usuário da língua – mesmo um literato extremamente "liberal" como Oswald de Andrade tem assimilada a noção de que existe gramática apenas na língua do acerto (a gramática "do professor e do aluno"), e aceita esse jogo. Com toda essa atitude de pegar ferrenhamente em armas contra o controle e o policiamento da língua nossa de cada dia, o que o poeta assume, no fundo, é que, em *me dá um cigarro*, há, de fato, uma infração à gramática, que não seria cometida pelo *mulato sabido*, mas que o povo (*o bom branco e o bom negro da nação brasileira*) tem o direito de cometer. Aliás, é o próprio Oswald de Andrade que, nessa mesma obra, se refere à língua que falamos como uma língua *com a contribuição milionária de todos os **erros*** (grifo meu), o que atesta uma aceitação pacífica da velha noção de "erro linguístico".

Notas

[1] O texto deste capítulo reúne as reflexões desenvolvidas em conferência pronunciada no XLIX Seminário do Grupo de Estudos Linguísticos – GEL. Uma primeira versão foi também publicada na Revista da ALFAL *Linguística*, p. 175-184, 2002c.

[2] Ver capítulo "A natureza da disciplina *gramática* – Visão histórica".

[3] O tema é tratado no capítulo "A natureza da disciplina *gramática* – Visão histórica".

[4] São 14 livros.

[5] Ver capítulo "A disciplina gramatical na atualidade. A manutenção de padrões."

[6] É oportuno reproduzir a citação que Savioli (2000, p. 313) faz de Rosenblatt (1967): "Dá-se o estranho paradoxo de que o tema linguístico que mais preocupa os falantes é o da correção ou incorreção – a cada momento se desencadeiam acaloradas discussões a favor de um caso ou contra ele –, e é o que menos interessa aos linguistas, a ponto de muitos o verem com absoluto ceticismo e até com menosprezo". Comenta Savioli: "Dessa citação interessa ressaltar três pontos: – a declaração de que a correção foi banida da investigação linguística; – o menosprezo dos linguistas pelo tema; – o reconhecimento de que o menosprezo dos linguistas pela correção não encontrou reação correlata dos falantes".

[7] Lembre-se o que diz Mattos e Silva (2002, p. 302): "O caminho aberto pela sociolinguística [...] favorece indicação senão exata pelo menos rigorosa para que a questão da normativização linguística, fato social incontestável, se possa processar com fundamentação nos dados objetivos e subjetivos fornecidos pela comunidade linguística".

A fixação da norma-padrão:
a fonte e os limites[1]

Ainda o conceito de NORMA

Sempre foi tema muito controverso a fixação de uma norma-padrão nas comunidades linguísticas. Se a questão não é nova, como passarei a comentar a seguir, entretanto a sua consideração tem variado muito com o tempo, especialmente porque tem variado a visão social do uso linguístico, conforme variam as condições e os valores sociais nas diferentes épocas.

Voltemos a refletir, de um modo bem simples, sobre o conceito de norma.

O "normal" e o "normativo"

É de conhecimento generalizado que, numa primeira acepção, **norma** (como termo técnico na linguística, a partir de Coseriu (1967 [1951])), é a modalidade linguística "normal" no sentido de ser a média dos falares, estabelecida, a princípio, pela regularidade e pela frequência de uso, considerado o conjunto dos falantes. Numa segunda acepção, que é a que nos ocupa nestas reflexões, **norma** é a modalidade linguística que serve à normatização dos usos, estabelecida pela eleição de um determinado uso – ou conjunto de usos – considerado modelar[2].

A relativização imposta pelo caráter não monolítico das línguas

Em qualquer das acepções cabe fazer – e a linguística faz – a relativização determinada pelo reconhecimento do caráter não monolítico das línguas, pelo reconhecimento da existência de diferenças diastráticas (por estratos sociais), diacrônicas (por períodos de tempo) e diatópicas (por regiões). Essas diferenças, consideradas no terreno da primeira acepção – norma como média dos usos –, entram na conta da simples variação, inerente ao uso linguístico das comunidades, mas, consideradas no terreno da segunda acepção – norma como modelo a ser seguido –, instituem literalmente "estratos" de valoração que retiram as considerações do território do uso para levá-las ao território do bom uso: um determinado estrato social é privilegiado, o uso de tal época é valorizado, o falar daquela tal região é modelar. A consequência de mais peso é passar-se da consideração de uma língua que todos falam naturalmente para uma língua que tem de ser estudada e aprendida – e só por alguns – para que seja a "boa", a desejável, a prestigiada, o padrão. Isso representa, em síntese, passar-se de uma consideração em que a língua está a serviço da aglutinação social para uma consideração em que a língua, estigmatizando e excluindo indivíduos, serve à discriminação social[3].

O ESTABELECIMENTO DA FONTE PARA A NORMA-PADRÃO

Fixemo-nos nessa segunda acepção, a de norma como bom uso, e a reflexão necessariamente vai no sentido de buscar a fonte que autoriza alguns, mas não outros usos, sendo esta a primeira pergunta que nos ocorre: de onde vem a autoridade para dizer o que é bom, o que é desejável, e, assim, para conferir prestígio a determinados usos ou a um determinado conjunto de usos? Esse é, parece-me, o ponto-chave que emperra o próprio estabelecimento do modelo, tornando sempre fluidos os limites do que seja o território do padrão a ser seguido pelo usuário que quer pautar-se pela norma do bom uso.

Os esquemas historicamente intervenientes no estabelecimento de padrões

Não é necessário grande esforço de investigação para verificar, historicamente, que as sociedades sempre elegeram padrões linguísticos como desejáveis, o que já deixa assentado que a questão é primordialmente social, não inerentemente linguística, pois dificilmente alguém poderá apontar razões internas à organização das línguas para discriminar alguns dos usos que dela fazem seus falantes. Essa fixação de padrões ocorreu a despeito de ser bastante evidente o fato de que é inerente às línguas naturais a existência de mudança, decorrente da existência de variação. Eu gosto de citar – porque considero muito significativas – as observações de Dante (*De vulgari eloquentia* I, IX, 6-11, *apud* Schlieben-Lange, 1994), sobre esse caráter das línguas naturais. Segundo ele:

a. uma língua não pode ser durável (*durabilis*) porque os seres humanos também não o são;

b. uma língua não é contínua (*continua*), o que significa que ela muda[4];

c. as línguas variam como os costumes e os hábitos (*mores et habitus*), isto é, elas se comportam como os outros objetos culturais socialmente constituídos;

d. as línguas não podem ser fixadas nem pela *natureza* nem por veredito jurídico (*nec natura nec consortio*), e ganham sua estabilidade pela tradição (*humanis beneneplacitis*) e pela proximidade local (*locali congruitate*).

Entretanto, permanecendo na história do pensamento linguístico, vamos encontrar um marcante esquema antigo[5] que relaciona, de um lado, uso (*usus*) com modernidade (*modernitas*) e com rusticidade (*rusticitas*), e, de outro lado, norma (*auctoritas*) com antiguidade (*uetustas*) e com urbanidade (*urbanitas*): assim, o modelo autorizado é o antigo e urbano, enquanto o uso comum, não pautado pela norma, é o moderno e rústico. Se esse esquema não necessariamente significa que se ignorava a existência de variação e mudança nas línguas – impossível de ignorar –, ele revela marcado beneplácito à fixidez e condenação à mudança, bem como revela a eleição de uma modalidade de prestígio social em detrimento de outra de menor prestígio, fazendo a transferência dessa valoração do campo do social para o campo do linguístico. Prova essa transferência a eventual invocação, na justificação de beneplácitos ou de condenações a determinados usos, da fidelidade (ou não), à organização do pensamento (logicismo) ou da pureza (ou não) e da qualidade elevada (ou não) dos termos e construções (purismo).

E foi o que se continuou a fazer até hoje, quando vemos que, se já não é tão forte o apego ao passado, no entanto a base social da fixação da norma prossegue firme, o que, na verdade, apenas reflete o caráter social da linguagem: com o correr do tempo, naquele esquema, do lado do prescrito enfraquece-se o elemento antiguidade (*uetustas*), mas permanece forte a urbanidade (*urbanitas*), e, do lado do proscrito enfraquece-se o elemento modernidade (*modernitas*), mas permanece a rusticidade (*rusticitas*). Ressalve-se que, apesar dessa liberação em relação ao passado, resultante de uma assunção, já científica, da naturalidade da mudança linguística, o argumento de autoridade preso à conservação de padrões antigos – especialmente os "clássicos" – ainda hoje é visível em muitas explicações normativas.

Fontes de fixação de padrões no Brasil

Passando a considerar mais especificamente o que se deu no Brasil[6], a primeira avaliação que aflora diz que, pelas condições em que se formou a nossa sociedade, submetida sob todos os pontos de vista a uma coroa europeia, ela só poderia caracterizar-se como reprodutora de determinados costumes e diretrizes, em todas as suas manifestações de cultura. Disso falam, por exemplo, nossas primeiras manifestações literárias. Por outro lado, entretanto, três séculos depois, neste país que já era tão distante territorialmente da metrópole e que dela também se distanciava pela mescla de raças proporcionada pelo próprio modelo de colonização, eclodiu um desejo tão forte de construir uma identidade nacional que foi inevitável um movimento de afastamento da metrópole nas questões de língua e de cultura, os pontos básicos de afirmação da nacionalidade. O movimento romântico é a amostra que a literatura nos dá desse confronto cultural entre a nova nacionalidade, forte, colorida, selvagem, cheia de desafios, com a metrópole, limitadora, castradora, imobilizadora.

É verdade que o confronto foi mais retórico e programático do que prático, já que as inovações soaram sempre como rebelião de engajados, e, no espaço escolar – aquele que define as instituições, inclusive as linguísticas –, foi-se consolidando a valorização dos escritores portugueses consagrados de outros tempos, enquanto as manifestações libertárias – sirva de exemplo o prefácio ao *Sonhos d'ouro* de Alencar – mais apareceram para ilustrar quase folcloricamente as características do movimento romântico brasileiro do que para pautar modo de conduta a assumir nas terras da nova nação.

A ESCOLA COMO HISTÓRICA GUARDIÃ INSTITUCIONAL DE VALORES "PUROS"

A escola, no seu papel de guardiã institucional dos valores tradicionais não conspurcados, manteve o culto do tradicional e do elevado, segurando mudança para prevenir corrupção. Certamente se temiam – como muitos ainda hoje temem – aquelas "forças dissolventes que estão continuamente a assaltar as línguas" de que vai falar, explicitamente, em 1941, o texto da Reforma Capanema de ensino. Afinal, como bem diz Mattos e Silva (2002, p. 295), "a escola não é mais do que um instrumento de reprodução da sociedade em que está inserida, como tão bem demonstram Bourdieu e Passeron (1982) e o privilégio de um padrão normativizador, segundo a variante socialmente dominante, é uma poderosa peça dessa engrenagem ideológica".

A mudança do material de exame com o aparecimento da ciência linguística

Entretanto, introduzidas nos cursos de Letras as lições de Linguística e de Teoria da Comunicação, a escola mudou seu material de exame, especialmente porque mudaram os textos dos livros didáticos[7]. Desapareceram desses livros não apenas textos clássicos, mas também românticos e realistas, eliminando-se tudo o que não fosse modernidade, e também colocando-se em um segundo plano, e desprezado, a própria literatura. Além disso, a ênfase da ciência linguística na prioridade da fala sobre a escrita, mal-entendida, levou à falsa interpretação de que era um erro fixar-se a escola nos modos de construção da modalidade escrita da língua, especialmente os literários, e foi assim que, num primeiro momento da reação, passaram a predominar, nos livros didáticos, textos de linguagem coloquial, às vezes até popular, além de representações de interação oral.

O desaparecimento da fonte de autoridade baseada em "antiguidade" e o afrouxamento da fonte de autoridade baseada em "exemplaridade"

De todo modo, mesmo que consideremos reavaliado o exagero inicial, desapareceu para sempre, nesses materiais, o apego a uma fonte de autoridade provinda de antiguidade (*uetustas*), e os textos contemporâneos nunca mais deixaram de prevalecer. Se isso foi uma conquista, o preço, porém, foi caro, porque criou-se uma incoerência entre o que se oferecia à leitura e o que se oferecia à análise linguística, e evidenciou-se mais gritantemente o triste papel das aulas de gramática dentro do ensino escolar. Lado a lado com tanta "modernidade", a gramática continuou reduzida aos seculares paradigmas modelares, acoplados aos textos em cada uma das "lições", arranjadas numa sequência sem significação alguma para a realidade linguística.

Afrouxava-se, também, a fonte de autoridade nos "escritores modelares" – mesmo contemporâneos –, já que os textos e os excertos oferecidos, como fica evidente, deixaram de ter escolha dirigida por fidelidade a modelos rígidos de linguagem pautada por normas prescritivas. Ficam os textos a documentar a variabilidade e a evolução da língua, e, a seu lado, as lições gramaticais a desconhecer variação e mudança, e a desconhecer, principalmente, a ampla faixa de liberdade que o falante tem, no uso da língua, para compor seus enunciados. Tudo se diz, nas lições de gramática, como se houvesse um conjunto de paradigmas (esquemas) que, conhecidos, levassem a que se consiga usar adequadamente a língua e se logre dizer bem o que tem de ser dito. E dá-lhe esquema! Pelo menos um por lição, formando uma enfiada inconsequente, no correr do livro.

A DISCUSSÃO DE UM TEMA COMO ILUSTRAÇÃO DO DESCOMPASSO COM QUE SE CONSIDERAM AS RELAÇÕES ENTRE O USO DA LINGUAGEM E A ANÁLISE LINGUÍSTICA: O TRATAMENTO DO MECANISMO DA COMPARAÇÃO

Escolhe-se para ilustração apenas um exemplo de como está mal parada essa relação entre uso da linguagem e análise linguística, entre vivência da linguagem e explicitação da gramática, entre realidade do uso linguístico e consideração de como o usuário opera na criação de seus enunciados. É um exemplo, afinal, de como se fabricam e se vendem modelos que a nada levam, porque não contemplam a realidade dos processos de constituição do enunciado.

Acredito que um bom exemplo pode ser o tratamento gramatical do mecanismo da comparação, poderosa chave de arquitetura textual, já que elaboramos nossos raciocínios e conduzimos nossa argumentação com base em discriminações, com diferenciações que se fazem a partir do eixo das identificações. Esse tratamento se reduz, nos livros e nas aulas, à apresentação de um quadro muito conhecido de todos, denominado "Grau dos adjetivos". Em primeiro lugar, trata-se de um quadro derivado da gramática das línguas clássicas, em que havia morfemas de grau, e nas quais, portanto, ele tinha por finalidade a explicitação morfológica, e para isso fazia sentido. Todos sabemos, no entanto, que em português os adjetivos não têm expressão de ou por morfemas, a não ser no superlativo absoluto sintético (caso que, aliás, deve ser examinado com as naturais restrições determinadas pelo caráter de latinidade da maior parte das formações).

O que há em português, na verdade, é não apenas o uso de adjetivos em construções comparativas, mas também o uso de muitos outros elementos nesse tipo de construções, sem interveniência de adjetivos, por exemplo:

- sintagmas nominais, como em

*E **as neuroses**, não MENOS QUE **os sonhos**, se utilizam francamente das vantagens assim oferecidas pelas palavras para fim de condenação e disfarce.* (PSI)

*TANTO **a ética** QUANTO **o interesse nacional** reclamam uma completa mudança de mentalidade nesse terreno.* (COL-O)

- sintagmas adverbiais, como em

*Como o progresso **aqui** foi muito MENOS QUE **no Ocidente**, restam ainda na Alemanha Oriental enormes pedaços de floresta virgem.* (VEJ)

*Nem se tocou no assunto, TANTO **no almoço** QUANTO **no jantar**.* (A)

- sintagmas verbais, como em

*Saquei o 38 e atirei no para-brisa MAIS para **estrunchar o vidro** DO QUE **pegar o sujeito**.* (CNT)

*E elas a **atraem** TANTO QUANTO a **horrorizam**.* (CC)

- orações, como em

*E **mencionar um cadáver ensanguentado** causa MENOS **impacto** DO QUE **mostrá-lo**.* (LIJ)

As organizações sociais e políticas, porém, *abominam a desordem* TANTO QUANTO *a natureza detesta o vácuo*. (CIB)

Ocorre que não apenas se cotejam entidades em relação a uma propriedade, como está nos exemplos do quadro fossilizado que se oferece, exemplos do tipo de:

X mais inteligente (do) que Y

X menos inteligente (do) que Y

X tão inteligente quanto / como Y,

em que a propriedade é "inteligente".

Cotejam-se propriedades também e, além disso, não necessariamente elas se cotejam em relação a uma única entidade, como em

A integração latino-americana vai deixando de ser um sonho para se tornar uma **realidade** TÃO **concreta** QUANTO **fecunda**. (COL-O)

Também se comparam duas propriedades em relação a mais de uma entidade, como em:

Em uma [reunião], estará representada a **superestrutura** TANTO **governamental** COMO **empresarial e sindical**. (FSP)

Mais ainda, nem sempre a comparação é quantitativa, como sugerem as lições tradicionais a que me refiro. São qualitativas muitas das construções comparativas, como essas duas últimas que apresentei e também como

Chantagens como as que castigaram a Nestlé não são raras entre as grandes companhias, TANTO **multinacionais** QUANTO **brasileiras**. (EX)

De todo modo, até aqui, embora saindo do campo do adjetivo, ou operando com mais de um adjetivo, ou mudando a ordem dos elementos, mostrei, no geral, ocorrências próximas das que o tradicional esquema paradigmático sugere, no que diz respeito aos elementos marcadores da comparação (em geral um advérbio de intensidade, como *tão, mais, menos,* e uma conjunção comparativa, como *quanto, como, (do) que)*[8].

A expressão comparativa – especialmente a de igualdade – tem, porém, múltiplas possibilidades de realização, que estão à disposição dos usuários para escolha, segundo suas intenções, na busca de resultados de sentido, e segundo a conjuntura da interação. E isso a escola não pode ignorar, sob pena de deformar o trabalho com a linguagem, tratando-a como um código que se acessa por paradigmas.

Em primeiro lugar, nem sempre a construção comparativa é correlativa, isto é, nem sempre há dois elementos gramaticais que se correlacionam para operar a comparação, como reza aquele quadro. Vejam-se estas duas comparações:

*Seu Geraldo tinha **o nariz ostensivo e sensível** COMO **uma antena**. Sua força vinha dos **olhos, vivos e inquiridores** COMO **os de um cachorro fiel**.* (CR)

Observe-se, no caso, que os manuais escolares abrigam, sim, esse tipo de construção quando tratam das chamadas "orações subordinadas adverbiais comparativas", mas o tratamento dessas orações nunca é aproximado do tratamento conferido à comparação quando do estudo do chamado "grau dos adjetivos". São dois capítulos absolutamente apartados. É como se fossem dois distantes universos, duas entidades estranhas entre si, coisas que se explicitem absolutamente divorciadas.

Além disso, no caso de correlações, nem sempre os dois operadores da comparação se encontram distanciados um do outro, separados por um adjetivo (como está nas lições escolares) ou outro tipo de elemento (como acabo de lembrar que ocorre). Vejamos:

- Assim como se diz

  *TANTO **Dozinho** QUANTO **Rodopião** tinham morrido por vaidade.* (ANB)
  (com *tanto* e *quanto* separados),

também se diz

  *Não pense que **eu** não sofro TANTO QUANTO **você**.* (CNT)

  (com *tanto* e *quanto* juntos),

- Assim como se diz

  *Sim, TANTO **os dois irmãos de Carlos**, COMO **o marido de Eliodora**, Pedro, fizeram o possível para me tornar a situação difícil.* (A)

  (com *tanto* e *como* separados),

também se diz

  ***Os costumes da terra** o irritavam TANTO COMO **os habitantes**.* (TV)

  (com *tanto* e *como* juntos).

Enfim, aquele esqueminha "bem-comportado" geralmente oferecido é apenas uma amostra falseadora dos modos de comparação na língua – embora não seja como amostra apresentado –, e a existência necessária de um adjetivo entre *mais* e *(do) que* (v.g. *mais inteligente (do) que*) é pura ficção, pois mais usuais são construções comparativas como:

  *Já **bebi** demais, bem MAIS DO QUE **posso**... e vou parar.* (A)

  *O frio parecia incomodá-lo MENOS QUE **aos outros**.* (ARR)

Mais ainda, com valor quantitativo ou qualitativo, e com ou sem expressão correlativa (e, ainda, numa ou noutra ordem), aqueles advérbios e aquelas conjunções do quadro não são os únicos operadores de comparação, longe disso. Assim, estão à disposição dos usuários inúmeros modos de construção comparativa, entre eles, por exemplo⁹:

Não sei mais como era, ASSIM COMO não sei como será o teatro que vou fazer. (AMI)

A malária já existia no Brasil, BEM COMO a bouba. (APA)

ASSIM COMO o sistema se diferencia (na modernidade) em dois subsistemas (economia e Estado), TAMBÉM ocorrem diferenciações no interior do "mundo vivido". (HAB)

Os resultados se referem a mercadorias em sua forma primária, TAL COMO são apresentados no comércio varejista. (DS)

Uma noite sonhei com papai. Vi-o TAL QUAL na barca, quieto, sozinho, olhando as águas. (BB)

É sempre prudente levar na comitiva TANTOS domadores de feras QUANTAS crianças houver. (CRU)

ANTES um pássaro na mão, QUE dois voando. (AVE)

Tiãozinho, no entanto, tinha amizade pelo porquinho, DO MESMO MODO QUE Tico apreciava o Fumaça. (GT)¹⁰

Além disso – e aqui vem o mais importante, porque se vai para o bom uso¹¹ da língua –, chamo a atenção para o fato de que a natureza básica da comparação – o seu caráter referencial – fica absolutamente fora de consideração no tratamento gramatical escolar. Os textos inseridos nos livros didáticos, como necessariamente ocorre com todos os textos naturais, desfilam significativas demonstrações de estabelecimento de cotejos a costurar a teia textual, e nenhuma reflexão é sugerida nas lições de gramática. Nem sequer é vislumbrado nas lições em geral oferecidas – a rigor, como se faz também no caso da referenciação pessoal e da referenciação demonstrativa – que a comparação é um processo fundamental de constituição do enunciado, um dos mecanismos mais presentes e fortes na construção da coesão textual, e um dos processos mais reveladores da natureza humana (racional, discriminativa) dos seres dotados de linguagem verbal.

Com efeito, fazemos comparações durante todo o correr dos textos, e essas comparações remetem continuamente a objetos de discurso que vão formando a rede referencial do texto (Apothéloz e Reichler-Béguelin, 1995; Neves, 2001e).

Ocorre que, como as construções comparativas têm, quase categoricamente, redução de volume do segundo termo – fato também ignorado no esquema nu e artificial oferecido –, o jogo referencial em que elas entram no texto reclama uma reflexão especial, se se quiser que o tratamento da gramática na escola se insira no domínio do uso da linguagem, seja ativa seja passiva, e constitua instrumento de apropriação dos meios mais eficientes de bom uso da língua (expressão que, agora – insisto –, perde o valor de prescrição). Assim, é relevante uma reflexão sobre o fato de que aquele segundo elemento da comparação, quase sempre com elipses – a própria elipse, uma inegável marca referencial (Halliday, 1985) –, faz elo não apenas com outros pontos do texto, mas também com o cotexto (seja o cotexto precedente seja a situação), como em

> *Enfim, nesse zigue-zague de fugas e insistências, não sei quanto tempo te-ríamos ficado não fosse a intervenção de Carlos, ou melhor: suas tardias e repetidas intervenções. A princípio fracas e indecisas, logo se tornaram* MAIS *fortes.* (A)

e, ainda, com o conhecimento compartilhado entre falante e ouvinte, como em

> *Carlos largou meu braço, o ar me pareceu* MAIS *respirável.* (A)

Mas cada livro escolar – e, consequentemente, a lição escolar – limita o cumprimento de seu papel com oferecer aquele paradigma descabido, que nada diz de todo esse processo de constituição do enunciado que é a comparação, mas que deixa inserido na história de vida escolar dos alunos a sensação – frustrantemente falsa – de que, cumprido um ritual, isto é, tocada uma norma postiça, quase abs-trata porque divorciada do real uso da língua, aprendeu-se gramática do português, aquela sensação que a escola, um dia, deu a cada um de nós, de que quem decora aquele quadro sabe bem comparar em português! E retomando a questão mais específica da relação entre o uso e a norma prescritiva, eu ainda lembraria o alija-mento puro e simples a que estão condenadas construções comparativas típicas, e altamente ilustradoras de um processo básico e normal de constituição do quadro da gramática de língua falada, como as dos dois seguintes tipos:

a.

> *ela fica gorda, alta...* FEITO *a nossa batata* (DID-RJ-328, p. 240)
>
> *é uma sutileza um pouco grande,* FEITO *um elefante* (EF-RJ-379, p. 365)

b.

> *ele não falava tanto de... de imóveis e... carro* QUE NEM *eu falei... é mais em títulos em... ações* (EF-SP-388, p. 120)
>
> *então eles são superespecializados eles são* QUE NEM *máquinas mesmo...* (DID-SP-251, p. 111)

No caso das duas primeiras, o elemento *feito*, originariamente uma forma verbal, assume comportamento similar ao da conjunção *como*, ou de *tal qual*. Trata-se da forma do particípio passado de um verbo (verbo *fazer*), mas que vai adquirindo valor semântico modal-comparativo e papel sintático juntivo, e que, portanto, em via de gramaticalização – de transição do universo do léxico para o da gramática – ilustra à perfeição o caráter de mutabilidade e variabilidade da língua, ilustrando a existência de múltiplos meios para obtenção de diferentes resultados de sentido e diferentes efeitos interacionais no uso da língua. No caso das duas últimas, o *que* pronome relativo e o *nem* advérbio estão sendo reinterpretados como locução conjuntiva comparativa, novamente um caso de gramaticalização, natural na vida das línguas e revelador do dinamismo das línguas[12].

No entanto, ambos os usos estão fora do limite arbitrário fixado em um conjunto de normas, e não lhes resta outra apreciação senão a de usos espúrios, menores. Sem mais! Sem reflexão sobre o que representam! Sem explicação sobre o lugar que têm na história da língua!

O QUE CONCLUIR

O ponto mais significativo dessa questão está em que, na grande maioria dos casos de doutrinação normativa explícita a que tanto assistimos hoje, não é legítimo considerar que, nos casos de variação, o fulcro da questão esteja na existência de **erro**[13]. Isso porque, nesses casos, não há "pessoa física" investida de poder legitimado para ser considerada fonte decisiva de autoridade, e o limite entre um "pode" e um "não pode" é necessariamente fluido, já que isso é a língua, sempre em equilíbrio, mas, se viva, sempre dinâmica. A pecha de, categoricamente, "errado", a rigor, exigiria a criação de um código secundário, algo assim como o código de trânsito, baseado em sins e nãos, em categorias garantidamente discretas por artificiais, convencionais, criadas no código e não calibradas nos usos.

E nesse ponto se fecha a reflexão. Será que alguém consegue imaginar que, para escrever e falar "bem", seria necessário e seria adequado partirmos para uma série de aulinhas de treinamento, depois um exame de habilitação, e, afinal, a concessão de uma carteira, obtida num determinado estado da língua – talvez uma "carteira de escrevinhador" –, na qual, depois, iriam sendo anotados os pontos perdidos por transgressão, correndo-se o risco de ter a carteira cassada? Com certeza, todo cidadão iria tomar muito cuidado ao falar... mas ao mesmo tempo, acredito, estaria sacramentado que o que falta, mesmo, é refletir sobre a linguagem.

E, após essas considerações sobre o real processamento linguístico (ilustrado pelo mecanismo da comparação) e o que dele oferecem os manuais escolares, passamos para uma avaliação mais direta sobre o espaço e a natureza que tem o tratamento da linguagem nas nossas escolas.

Notas

[1]   O texto deste capítulo reúne as reflexões desenvolvidas em conferência pronunciada no III Senale – Seminário Nacional Linguagem e Ensino. Pelotas, Universidade Católica de Pelotas, 2001.

[2]   Essa questão vem tratada no capítulo "A disciplina gramatical na atualidade. A manutenção de padrões".

[3]   Ver capítulo "A disciplina gramatical na atualidade. A manutenção de padrões".

[4]   Para Schieben-Lange (1994), o texto de Dante indica que ele concebia que essa mudança se fazia "em saltos", e não "continuamente". No todo, trata-se de uma concepção bem diferente da que hoje se tem.

[5]   O tema foi tratado mais detidamente no capítulo "A discussão de um tema como ilustração. A gramaticalização como um processo de estruturação de mudança linguística".

[6]   Anunciei o tratamento desta questão no capítulo "A discussão de um tema como ilustração. A gramaticalização como um processo de estruturação de mudança linguística".

[7]   Esta questão está tratada no capítulo "A discussão de um tema como ilustração. A gramaticalização como um processo de estruturação de mudança linguística" e é também apontada no capítulo "Língua falada, língua escrita e ensino".

[8]   Excetuam-se dessa observação as formações com *tanto* que aparecem nesses meus exemplos.

[9]   Nos três primeiros casos desta série, bem como em algumas outras construções apresentadas anteriormente, fica demonstrado, também, que no tratamento escolar se deixa de avaliar a proximidade existente entre a correlação aditiva e a correlação comparativa de igualdade, a partir da qual se avaliariam as dissemelhanças, especialmente quanto à irreversibilidade das construções correlativas comparativas (que são sintaticamente interdependentes), propriedade pela qual elas se afastam das aditivas (que são sintaticamente independentes).

[10]   Deixo de comentar outros tipos de construções que, não exibindo elementos formais de comparação, entretanto também operam, por via do léxico, cotejo de entidades ou de propriedades. Exemplos:
- verbo: *Aí o time SE IGUALA com equipes que têm jogadores mais qualificados.* (FSP)
E o que vem DIFERE do que se foi. (L)
A temperatura do solo SUPERA de pouco os 25°C no momento mais quente do ano. (ECG)
- adjetivo: *Celeste é IGUAL A mim!* (BO)
Ah, você é DIFERENTE, Justina. (AS)

[11]   Aqui a expressão **bom uso** não se refere a uso segundo prescrição e, portanto, não se liga a valoração social.

[12]   O tema da gramaticalização é especialmente tratado no capítulo "A natureza da disciplina *gramática* – Visão histórica."

[13]   Excetuo, obviamente, casos regidos por legislação, como a ortografia, conforme observei no capítulo "A discussão de um tema como ilustração. A gramaticalização como um processo de estruturação de mudança linguística".

Parte III
Norma, uso e gramática escolar

A gramática no espaço escolar. Pressupostos[1]

AINDA A VISÃO GERAL DO QUE SEJA *GRAMÁTICA*

Uma questão que tem incomodado a todos os que trabalham com língua e linguagem nos diversos graus de ensino – especialmente no Ensino Fundamental e no Médio – é o tratamento da gramática na escola, e, no fundo, a concepção que a sociedade tem dessa disciplina.

Gramática é uma palavra marcada (e negativamente) tanto na visão dos profissionais da palavra como na visão do público em geral: alunos, pais, enfim, toda a comunidade linguística. Tenho repetido que, toda vez que digo a alguém que minha especialidade é gramática, preciso fazer um parêntese (geralmente inútil, porque incompreensível), para dizer que não gasto meus dias buscando sujeito, objeto direto, oração subjetiva, nem verificando "erros de concordância" ou "vícios de linguagem", mas que, basicamente, reflito (e falo) sobre o funcionamento da linguagem, e especificamente da nossa língua portuguesa do Brasil.

Selecionemos alguns pontos-chave que distinguem o que realmente ocorre no funcionamento da linguagem daquilo que se vem dizendo nas nossas escolas nas aulas de Língua Portuguesa, e, por implicação, daquilo que está arraigado na nossa concepção viciada de gramática.

A GRAMÁTICA NA HISTÓRIA DE NOSSA VIDA ESCOLAR: A NECESSIDADE DE REVISÃO DE CONCEPÇÕES ARRAIGADAS NA TRADIÇÃO

De início tem de ser dito que, durante todo o tempo em que estivemos sentados em bancos escolares, fomos formando concepções que temos de revisar:

a. A gramática de uma língua em funcionamento não tem regras rígidas de aplicação, como nos fizeram crer. E, para o uso da língua nativa, de modo nenhum ocorre que o falante primeiro precise estudar as "regras" que a disciplina gramatical lhe oferece em manuais escritos por eleitos. Qualquer falante nativo de uma língua é competente para produzir e entender enunciados dessa língua, num amadurecimento natural. Eficiência e excelência são outra conversa, mas isso a nossa disciplina gramatical em voga também não ensina. Ninguém que tenha estudado todo o quadro de entidades e as definições oferecidas pelos manuais terá passado, simplesmente por isso, a falar ou a escrever melhor.

b. A gramática acionada naturalmente pelo falante de uma língua para organizar sua linguagem não se limita à estrutura de uma oração ou de um período. Esse é o limite de apenas um tipo de estrutura.

c. A gramática não é uma disciplina que se deva colocar externamente à língua em funcionamento, e que se resolva na proposta de uma simples taxonomia, instituída no plano lógico ou no plano estrutural, independentemente do uso. Ela não é um esquema adrede organizado, independente dos atos de interação linguística, das funções que se cumprem no uso da linguagem, dos significados que se obtêm.

A GRAMÁTICA DE NOSSO DIA A DIA DE USUÁRIOS DA LINGUAGEM: UM CONTRAPONTO

Passemos ao outro lado da comparação e façamos o contraponto com o que se acaba de explicitar:

a. A concepção básica de gramática é a de um sistema de princípios que organiza os enunciados, pelo qual, naturalmente, os falantes nativos de uma dada língua se comunicam nas diversas situações de uso. Cada indivíduo de uma comunidade linguística tem natural conhecimento de sua língua materna, e põe em uso esse conhecimento nas mais diversas situações, numa simples ligação entre esquemas cognitivos e linguagem, isto é, em decorrência, simplesmente, de a linguagem ser uma das manifestações do funcionamento da mente.

b. A competência linguística do falante se estende à organização das peças de interação, seja em textos continuados, seja em peças produzidas em coautoria, como as conversações.

c. Daí se parte para uma segunda noção de gramática, a de uma disciplina que, de algum modo, explicita o funcionamento da linguagem. E é nesse campo que se acentuam não apenas as divergências, mas também as distorções que marcam, em geral, as ações educacionais que temos na nossa história ocidental. Disso particularmente se tratará neste capítulo.

UMA REFLEXÃO SOBRE A NATUREZA DA GRAMÁTICA OFERECIDA NAS ESCOLAS

A pretensa "normatividade" da gramática escolar tradicional

O primeiro ponto que se oferece a comentário, quando se examina a gramática trabalhada nas escolas, tem relação com o fato de que não corresponde, absolutamente, à verdade dizer-se que ela é normativa[2]. Haveria pelo menos uma ação social a ser destacada, se assim fosse. Mas não há. Os esquemas oferecidos são moldes, sim, mas apenas no sentido de "esquemas" que mapeiam as entidades abstraídas nas categorizações a que levaram as reflexões sobre a linguagem que um dia os gloriosos filósofos da Grécia antiga fizeram, preparando o edifício da "arte da gramática" (*téchne grammatiké*) que aí está[3]. Compreender que lá, naquele momento histórico e naquela situação, o que se preparou como disciplina gramatical era justo e oportuno é possível a muito poucos. À força de virmos repetindo lições de gramática em que apenas se busca que os alunos saibam os nomes das categorias e das funções, e a subclassificação delas, vamos tendo como certo que aprender tais noções é aprender gramática, o que leva à conclusão límpida e irrefutável, de toda a comunidade, de que estudar gramática é desnecessário, pois tal estudo não leva a nada, e, mais que isso, é prejudicial, já que cria falsas noções e falsos pressupostos.

A discussão de um tema como ilustração: a seleção dos enunciados para análise

O exemplo prático que se pode invocar para as reflexões que aqui se fazem refere-se à natureza dos enunciados linguísticos que são trazidos às aulas de gramática nas nossas escolas, haja vista o que nos oferecem os livros didáticos mais em uso. Vou relacionar uma série de frases (efetivamente produzidas) que tenho a certeza de que não constariam – como não constam – das lições de gramática oferecidas, já que desmentiriam o paradigma esqueletizado ao qual têm tido de subordinar-se as amostras da língua postas em estudo nas escolas. Vou manter o tipo de exercitação (de rotulação e de classificação de entidades) usual nos livros didáticos e nas aulas.

Assim, nenhuma lição escolar manda – e acredito que não mandaria:

1. Classificar o sujeito, em:

Paris eu fico na casa de um amigo. (D2-RJ-335, p. 3/82).

Ou em:

Esse Agileu também vou te contar, viu! (AS)

2. Classificar sintaticamente o termo grifado na frase:

*Isso facilita **horrores** a amizade entre um homem e uma mulher.* (FAV)

Ou na frase:

*Amelinha gostava disso, mas sofria **barbaridade** pelos outros.* (DE)

3. Classificar a oração subordinada, em:

*Todos, **embora gritando**, examinam-me dos pés à cabeça.* (AL)

Ou em:

***Ainda que mal comparando**, o selecionado de 1958 era uma espécie de Senado do futebol brasileiro.* (MAN)

4. Grifar a oração principal e classificar a oração condicional em:

Ah, se fosse sempre assim! (FEL)

Ou em:

E assim continuava, não fosse a discussão que acabei de ter com Dona Leonor. (A)

5. Classificar a palavra grifada na frase:

*Eu disse que dava os cem pacotes e dou, claro! Mas dou, **porém**, com uma condição.* (BO)

Ou na frase:

*Aí está Minas: a mineiridade. Mas, **entretanto**, cuidado.* (AVE)

6. Dizer se o advérbio "modifica" o verbo, o adjetivo ou outro advérbio, no enunciado:

*O problema, **lamentavelmente**, vem de muitos anos.* (EM)

Ou no enunciado:

*Eu, **francamente**, não achava lá muita graça nas piadas de tio Angelim.* (ANA)

E qual seria a razão de a gramática escolar passar longe de enunciados como esses? Dir-se-ia que é por pruridos normativistas que os dois primeiros casos são alijados. Se eles aparecessem (o que ocorreria nos livros didáticos mais modernos, aqueles que aprenderam as lições da sociolinguística sobre variação), seria para carimbar o registro no qual ocorrem ("linguagem popular", "língua falada" etc.), o que não é noção gramatical, é apenas indicação sociocultural. Dos enunciados abrigados nos quatro últimos casos, nem isso se diria, mas eles perturbariam enormemente os quadros gramaticais disponíveis, contrariando lições que ninguém admite que possam desmentir-se, tais como:

Para 3.:

a. *Embora* é conjunção e *ainda que* é locução conjuntiva subordinativa concessiva.

b. As orações reduzidas, entre as quais se incluem as de gerúndio (no caso: *gritando* e *comparando*), constroem-se sem conjunção subordinativa.

Para 4.:

Em relação ao primeiro enunciado:

a. *Se* é conjunção subordinativa adverbial condicional.

b. Toda oração subordinada (substantiva, adjetiva, adverbial, igualmente) constrói-se necessariamente com uma oração "principal".

Em relação ao segundo enunciado:

a. *Fosse* é forma finita (subjuntivo) de verbo.

b. Toda oração subordinada com verbo em forma finita inicia-se por conjunção subordinativa (ou palavra interrogativa, no caso das interrogações indiretas).

Para 5.:

a. *Porém* e *entretanto* estão no elenco das conjunções coordenativas adversativas.

b. Uma conjunção coordenativa inicia um termo ou uma oração coordenada sindética, "ligando" esse termo ou essa oração ao termo ou à oração anterior.

Para 6.:

a. *Lamentavelmente* e *francamente* são advérbios (de modo).

b. O advérbio modifica o verbo, o adjetivo ou o próprio advérbio.

Ora, são evidentes os conflitos, e, em cada um dos casos, uma das duas lições tradicionais não se sustenta:

Em 3.: Ou *embora* e *ainda que*, nesses enunciados, não são (ainda)[4] conjunções, ou uma oração (reduzida) de gerúndio pode ser conjuncional. Ou seja: *embora* e *ainda que*, já no elenco das conjunções subordinativas concessivas, ocorrem, entretanto, em oração de gerúndio, dada sempre como oração reduzida, portanto definida como oração que se constrói sem conjunção.

Em 4.: Ou essas não são orações subordinadas, ou a oração adverbial não tem o mesmo comportamento da substantiva ou da adjetiva. Ou seja: a oração *não fosse a discussão que acabei de ter com Dona Leonor* tem verbo em forma finita (e um subjuntivo!), tem uma função adverbial (indicando condição), mas não se inicia por conjunção, como se ensina que ocorre com as chamadas *orações desenvolvidas*; por outro lado, a oração *se fosse sempre assim* tem todas as características de uma oração subordinada adverbial condicional, inclusive a conjunção, mas, embora uma oração subordinada se defina como termo de uma oração principal, nesse enunciado só há uma oração[5], porque as orações adverbiais têm uma liberdade construcional maior que as substantivas ou as adjetivas restritivas, que necessariamente se "encaixam" na sua oração matriz para compor um termo de ordem superior.

Em 5.: Ou *porém* e *entretanto*, nesse enunciado, não são (ainda)[6] conjunções, ou conjunção coordenativa tem outra definição, tendo-se, ainda de admitir duas conjunções coordenativas em sequência (*mas porém* e *mas entretanto*, respectivamente). Ou seja: *porém* e *entretanto* estão no elenco das conjunções coordenativas (adversativas), mas estão ocorrendo, aí, na mesma oração em que ocorre *mas*, outro elemento do mesmo elenco; além disso, vêm no meio da oração, e entre vírgulas, posição que não é de conjunção coordenativa.

Em 6.: Ou *lamentavelmente* e *francamente* não são advérbios, ou a categoria advérbio tem outra definição[7], e tem outras subcategorias, além das tradicionalmente relacionadas. Ou seja: *lamentavelmente* e *francamente*, palavras com forma clássica de advérbio (sufixo *-mente*), não "modificam" o verbo nem o adjetivo nem o advérbio, e, além disso, não são "de modo" e também não são de nenhuma das outras subclasses de advérbios constantes das lições dos manuais tradicionais.

No caso dos dois primeiros enunciados (o primeiro deles de língua oral), entra outro tipo de componente: trata-se de enunciados de linguagem distensa, e a gramática das escolas se exime de explicá-los, mesmo que por vezes os admita nos registros em que ocorrem. Ela tem como desnecessário perder tempo para dizer, por exemplo, que:

Em 1.: Os termos *Paris* e *esse Agileu* são o tópico frasal, são aquilo de que se fala, mas não constituem o sujeito das orações, e isso não é defeito. Ao contrário, essa é uma construção de grande eficiência na conversação, na qual a alternância de turnos exige rapidez de fixação em pontos de partida para a informação, e que, portanto, muito se beneficia de uma marcação forte desse ponto de partida (o tópico oracional)[8].

Em 2.: Os elementos *horrores* e *barbaridade*, na base substantivos (de significado extremado), na posição em que estão, e marcados com força entonacional especial, se reanalisam como intensificadores (como elementos mais gramaticais do que lexicais), e isso constitui um expediente eficiente de organização do enunciado.

O que ocorre é que, da maneira como enunciados não ortodoxos são encarados, parece que a questão é, simplesmente, não ter importância o fato de eles serem assim (menormente) construídos, já que se trata de enunciados populares, ou de enunciados de língua falada, e desses a disciplina gramática nem precisa ocupar-se. Supostas como emitidas dentro de um registro que se exigiria mais "elevado", entretanto, essas construções serão com certeza tidas e indicadas como a evitar, como "erros", enquanto, em registros menos prestigiados, elas são, simplesmente, toleráveis e toleradas, nada mais. É quase como dizer que linguagem popular e língua falada estão na marginalidade.

O QUE CONCLUIR

Adquirimos nossa língua (e, portanto, a "gramática" que a organiza) sem nunca termos tido aulas, e essa aquisição refere-se especialmente à capacidade que todo falante tem de, jogando com as restrições de sua língua materna, proceder a escolhas comunicativamente adequadas, operando as variáveis dentro do condicionamento ditado pelo próprio processo de produção[9]. Isso significa dizer que não há discurso sem gramática, mas que também não há gramática sem discurso.

Na contraparte, o tratamento da gramática num espaço escolar há de respeitar a natureza da linguagem, sempre ativada para a produção de sentidos, o que se opera nesse jogo entre restrições e escolhas que equilibra o sistema. Para responder a essa necessidade de equilíbrio, a língua é dinâmica e variável, é um sistema adaptável, sempre em acomodação, de tal modo que só na sua face sociocultural se poderá admitir a existência de moldes e modelos. Assim, a gramática de uma língua não pode ser oferecida como uma camisa de força, primeiro mapeada para depois ser recheada de exemplos, aqueles que venham a calhar para a doutrina assentada.

É lamentável a concessão do espaço da escola para o tratamento da gramática como mera transmissão e registro de paradigmas, dos quais se pode, sem medo de errar, dizer que são a recorrência de esquemas mudos, de esqueletos inexplicados, que a seguir se vestem com a carne de alguns exemplos que se adaptem – seja como for – ao talhe do defunto, oferecendo-se, então, o produto.

Na verdade, o que aí vemos é, aberrantemente, uma "criatura" (a gramática disciplina) ficar distorcidamente maior do que seu "criador" (a gramática organização), e a metalinguagem pôr-se a engolir a linguagem que lhe deu nascimento e estatuto.

Notas

[1]   Uma primeira versão deste texto está publicada em Neves (2001d).

[2]   A questão foi tratada na Parte II.

[3]   Também essa questão está tratada na Parte II.

[4]   O que ocorre, na verdade, é que o elemento *embora*, de origem adverbial, ainda não atingiu o ponto final de sua gramaticalização como conjunção. (Ver Neves, 2002a, p. 175-188). O processo de gramaticalização é tratado neste livro no capítulo "A natureza da disciplina *gramática* – Visão histórica".

[5]   A questão é tratada em Neves (2000a, Parte IV) e em Neves (1999, p. 545-591).

[6]   Diga-se, em relação a *entretanto*, o mesmo que está dito na nota 4 em relação a *embora*, elemento que, no processo de gramaticalização, já está em estágio mais avançado que *entretanto*. Ver Neves (2002a, p. 175-188).

[7]   Na verdade, *lamentavelmente* e *francamente* são modalizadores, e assim têm em seu âmbito de incidência toda uma proposição ou um enunciado. Ver Neves (2000a, Parte I).

[8]   O tema é tratado no capítulo "O papel da escola na condução das atividades de produção escrita e de análise gramatical".

[9]   Ver Neves (2002a, p. 80-81 e p. 94).

Língua falada, língua escrita e ensino[1]

O TRATAMENTO ESCOLAR DAS RELAÇÕES ENTRE LÍNGUA FALADA E LÍNGUA ESCRITA

Entre as muitas questões de discussão em que têm ficado envolvidas as relações entre a língua falada e a língua escrita, ressalta-se o papel da escola no tratamento de tais relações.

Há uma primeira acusação que se faz à escola, acusação subscrita – pode-se dizer – pela totalidade dos estudiosos, que é a que se refere ao fato de a escola colocar apenas a língua escrita – nunca a língua falada – como objeto de estudo. Variações em torno do tema aparecem, mas, no fundo, a questão é sempre a mesma: a língua escrita está no centro da atuação das escolas, e estar no centro significa, afinal, ocupar todos os espaços.

Entretanto – acredito – a discussão básica que essa situação deve suscitar é se a alegada "culpa" das escolas está avaliada com justiça.

A primeira pergunta é esta: a quem, na sociedade, se não à escola, é delegada a missão de ensinar a escrever? No fundo, pode-se afirmar não apenas que isso é o que a família, as instituições e a sociedade esperam, *in limine*, da escola, mas também que ela é o espaço social alocado e mantido para tal função. O processo formal de educação que caracteriza a escola já implica o objetivo do letramento, e, decorrentemente, da atividade da escrita e da leitura[2]. Nenhum pai, nenhuma família espera que a escola vá ensinar suas crianças a "falar", pois elas já "falam" quando entram na escola, uma vez que, obviamente, o desempenho oral antecede o processo de educação formal. Estendendo as considerações para todo o entorno que cerca as reflexões sobre língua falada, ninguém espera que a escola constitua o espaço privilegiado da apreensão e da discussão da cultura popular, que é aquela que, por princípio, se veicula na comunicação oral, e isso decorre da consideração da escola, privilegiadamente, como o "templo" do letramento, a instituição absolutamente responsável por ele. Como lembra Silva (1996), a consciência de que há vários falares em uma comunidade não nos fará nunca admitir, por exemplo, que o homem urbano, de fala cuidada, porque essa é a de seu grupo, tenha de, um dia, aprender a fala rural, mas vai parecer sempre natural, a qualquer pessoa, que um homem de fala rural deva ter acesso à chamada norma-padrão.

A partir daí, entramos na segunda acusação que, dentro do tema aqui tratado, se faz à escola: centrar seu ensino na modalidade-padrão da língua. E, mais uma vez, somos, por questão de justiça, obrigados a deslocar da escola – penso especialmente nos professores – para a sociedade a responsabilidade da escolha, que tem implicações tão delicadas.

Mais uma vez, todos sabemos que a sociedade mantém os espaços escolares, em grande parte, no cumprimento do objetivo de garantir que os padrões culturais da comunidade se preservem e se divulguem. O inverso disso seria a negação do processo de construção da cultura – tanto restrita a um povo como universal – e seria a regressão, na história da humanidade.

O sentimento de que essa é uma "missão" da escola encontra-se na crença arraigada que têm os professores – e a têm, exatamente porque isso é o que se cobra deles – de que ensinam a língua materna (por exemplo, a "gramática") para que os alunos possam escrever melhor[3].

Não entra nunca em questão um "falar" melhor, como se a língua falada fosse apenas um instrumento revelador de "competência linguística", no sentido de uma capacidade de entender enunciados da língua materna e de fazer entender enunciados da língua materna a um interlocutor hipotetizado, sem que se avalie mérito, por capacidade de adequação, e, portanto, sem que se considerem condições de aprimoramento ou de obtenção de bons padrões de desempenho.

Uma centração nessas duas grandes acusações ao tratamento dado à língua materna nas escolas vai-nos permitir uma reflexão baseada em pares de entidades envolvidas no complexo em que esse tratamento se envolve. Ao lado da tradicional (e discutida) dicotomia básica "língua falada x língua escrita", outro par, "oralidade x letramento", merece avaliação cuidadosa. Ligado ao campo específico da língua escrita, mais outro par, o das atividades escolares "ler x escrever", entra pesado no complexo em exame, exatamente pelo que pode representar para a própria modalidade falada da língua. E, afinal, os apontados equívocos de atuação da escola têm de ser confrontados com os equívocos de propostas que deixam entender que o que falta é, simplesmente, dar espaço à língua falada nas aulas de língua materna, ficando implicado, muitas vezes, que a consideração da língua escrita – e, especialmente, da modalidade-padrão – deve ser "substituída" pela consideração da língua falada.

Afinal, nessa intrincada questão, o que falta à escola?

UMA AVALIAÇÃO DO QUE FALTA À ESCOLA
NA SUPERAÇÃO DOS PROBLEMAS LIGADOS ÀS RELAÇÕES ENTRE
FALA E ESCRITA

A escola como lugar de todas as modalidades de uso

Parece-me que, basicamente, e por incrível que pareça, o que falta à escola – em todos os níveis, inclusive na universidade – é conseguir considerar a linguagem **em funcionamento**, o que implica, em última análise, saber avaliar as relações entre as atividades de falar, de ler e de escrever, todas elas práticas discursivas, todas elas usos da língua, nenhuma delas secundária em relação a qualquer outra, e cada uma delas particularmente configurada em cada espaço em que seja posta como objeto de reflexão: por exemplo, diferentemente num campo de discurso (Halliday, Stevens e McIntosh, 1974) de oralidade, como um jogo de futebol, ou num campo de discurso de letramento, como a própria escola de educação formal; ou, por exemplo (e tomando em consideração situações extremas), numa cultura de oralidade ou numa cultura letrada.

Facilmente se pode afirmar que não existe entre nós uma tradição de ensino da língua falada, mas a primeira pergunta é exatamente se esse "ensino" deveria, de fato, existir, ou seja, se é esse, exatamente, o problema. Ou, ainda: se os críticos conseguiram apontar caminhos para essa nova prática.

Há cerca de duas ou três décadas, logo após o desenvolvimento da Teoria da Comunicação, vimos os livros didáticos ser dominados por histórias em quadrinhos[4], que desbancaram os textos de autores renomados, em nome de uma modernidade não muito bem explicada, e menos ainda entendida. Quanto mais popular e informal a linguagem dos "balões" mais abrigo se lhes dava, dentro de uma parafernália colorida de imagens. Muitas vezes, olhando esses livros, me perguntei o que ia uma criança fazer à escola, se o exercício de linguagem que lhe era oferecido nada mais fazia do que registrar graficamente sequências típicas de produção oral, e, portanto, produtos linguísticos que não eram nem de língua falada (porque eram escritos) nem de língua escrita (porque eram apenas registros de conversações orais).

Com certeza as famílias não receberam bem esse material, já que lhe faltava exatamente aquilo que os pais mandam seus filhos buscar na escola: a chave do acesso a padrões linguísticos socialmente valorizados. Com certeza também os pais se perguntavam para que iam seus filhos ser postos em contato com a mesma linguagem "informal", e até "descuidada", que as crianças usavam o dia todo fora da escola, em suas brincadeiras, no contato com os colegas e na leitura das "revistinhas".

Ora, fica a pendência sobre o lugar que poderia ter, na escola, na educação formal, o tratamento da língua falada e da língua escrita, que tradicionalmente são vistas como atividades opostas, quase excludentes entre si. Algumas perguntas podem ser lançadas, para reflexão, ligadas às dicotomias há pouco lembradas, fazendo ressaltar uma série de equívocos em que se tem caído ao tratar o assunto.

Língua falada e língua escrita: ambas têm o seu lugar na escola? Como? Por quê e para quê?

Língua falada e língua escrita: são diferentes valores sociais?

Língua escrita na escola: simples retextualização da fala?

Leitura e escrita: opõem-se a língua falada?

E, afinal, na chave de tudo:

Língua falada e língua escrita: há apenas diferenças?

Acredito que, na conclusão, a única certeza plena que se terá é a de que a escola tem de ser garantida como o lugar privilegiado de vivência de língua materna: língua falada e língua escrita, língua-padrão e língua não padrão, nunca como pares opositivos, ou como atividades em competição; enfim, uma vivência da língua em uso em sua plenitude: falar, ler, escrever. A escola está aí para isso, e não se pode desconhecer que tal atitude passa por uma valorização – com justiça há muito requerida – da língua falada no espaço escolar[5].

A necessidade de relativização da dicotomia língua falada x língua escrita[6]

A visão dicotômica é problemática desde a base, isto é, desde a oposição fundamental entre língua falada e língua escrita, como se entre elas só houvesse diferenças. Não tem obtido consequências, nas reflexões sobre ensino, a observação sensata da existência de um contínuo tipológico entre fala e escrita aqui entre nós tão bem tratado por Marcuschi (1997; 2000), inspirado em Koch e Österreicher (1990). A própria verificação de que mesmo um texto de veiculação oral pode não ser "conceptualmente" (isto é, nas suas estratégias de formulação) um texto típico de língua falada – e vice-versa – conduz à verificação de que a outra famosa dicotomia, "língua-padrão x língua não padrão", tem de relativizar-se não apenas para também resolver-se num contínuo, mas ainda para interagir com o outro contínuo. E ambos os contínuos, acoplados entre si no uso, definem os resultados, conforme as práticas sociais sejam de oralidade ou de letramento (outra dicotomia).

Voltemos ao tratamento escolar da vivência da língua materna. Voltemos a uma das perguntas acima propostas, especificando-a melhor. É legítimo firmar a defesa do tratamento escolar da língua oral na argumentação de que a escrita escolar tem de ser vista como uma retextualização da fala? Isto é: o caminho da valorização do trabalho com língua falada nas escolas deveria, mesmo, passar por atividades rotineiras de "transformação" do texto oral em texto escrito, como se o ato de escrever constituísse o portal de entrada da modalidade-padrão, e como se a escrita fosse o território legítimo e exclusivo de estruturas formais? Isso não estaria deitando por terra, justamente, as bases em que se assenta a proposta de estabelecimento daquele contínuo tipológico? Observe-se que, segundo ela, não se define a produção linguística apenas segundo o modo de realização (oral e escrito), mas, considerando-se, também, a "concepção" que rege diferentes textos, obtém-se equacionar a existência de múltiplos tipos possíveis, por exemplo: produções orais com alta centração temática (de língua escrita); ou produções escritas com baixa densidade informacional (de língua falada). Será que a retextualização como exercício de "transformação" de texto oral em texto escrito não acentuaria o fosso que se costuma assumir que existe entre as duas modalidades que, afinal, possuem zonas que podem ser legitimamente vistas como de transição, zonas em que cada uma delas se distingue da outra quase exclusivamente pela natureza do veículo? Em vez de valorizar a língua oral, isso não é, exatamente, circunscrever o papel da escola à atividade de produção de texto escrito? E, na verdade, isso não representa mais uma faceta daquela atitude, tradicionalmente mantida, de reduzir a língua falada a algo menor, menos perfeito e não aperfeiçoável?

Como aponta Blanche-Benveniste (1994, p. 21), "o acesso à língua escrita não pode conceber-se simplesmente como um conjunto de transposições", sendo até delicado falar em "passagem da oralidade à escrita". Na verdade, como diz a autora, trata-se de diferentes práticas de língua, que implicam aquisição de diferentes conhecimentos, e implicam, até, diferentes atitudes. Blanche-Benveniste (1994, p. 11-13) relata que, em manuais escolares da década de 70 na França, propunha-se partir da língua falada, familiar às crianças, e as ensinar a fazer uma "transposição daquilo que tinham dito para um outro código, o código escrito correspondente". Essa passagem de um código ao outro era encarada como uma operação técnica, conduzindo ao domínio da "técnica da escrita". No ponto de partida, supunha-se uma língua falada familiar (suposta essencialmente como vulgar), para ensinar-se, numa segunda etapa, uma língua mais cuidada, com elementos lexicais e gramaticais que não figuravam nas conversas familiares. Essas etapas eram concebidas como "níveis de língua" ("familiar", "vernáculo", "cuidado", "literário") que podiam ser percorridos conservando-se a mesma mensagem, o que representava "traduzir" a mensagem em outro código. A finalidade era fazer a criança, mediante exercícios, "tomar consciência da linguagem", "impregnar-se" dela e aprender a tratá-la como um objeto que se pode "manipular", "retocar", "melhorar". Para a autora, essa tomada de posição esconde enormes dificuldades: é muito difícil observar com rigor enunciados espontâneos; a língua falada não se reduz à língua familiar das conversações;

não é seguro que se leia "a mesma coisa" em diferentes tipos de expressão, pois, mesmo em mensagens bem semelhantes, pode haver organização de informação muito diferente; pelo que se observa do comportamento das crianças e dos adultos pouco acostumados aos livros, o acesso à língua escrita não se faz por simples operações de transferência.

Quanto à pergunta sobre as relações entre língua falada, de um lado, e leitura e escrita, de outro, a primeira observação vai no sentido de acentuar o fato de que leitura e escrita são atividades escolares[7], mas que, em primeiro lugar, são atividades do uso normal da língua, atividades do dia a dia, o que o ritual da escola faz esquecer. Fora da escola, lê-se por prazer (por exemplo, por lazer, diante de uma televisão ou com uma revista ou um livro nas mãos) ou por necessidade (por exemplo, na rua, para adquirir informações). Na escola, porém, infelizmente, lê-se por obrigação (para cumprir tarefa, para responder a questões, para transformar um texto original), isto é, não se tem a verdadeira vivência da leitura. E, no entanto, o uso real da língua alterna-se sempre entre aqueles momentos em que falamos (quase continuamente), aqueles em que lemos (que são muitos: nas ruas, em casa, nos locais de eventos etc., embora muitas vezes leiamos textos "conceptualmente" de língua falada) e aqueles em que escrevemos (que são mais reduzidos, exceto em certas atividades profissionais). Impossível não perceber que a capacidade de expressão que desenvolvemos se assenta no complexo desse exercício de linguagem. Impossível não perceber que é nesse complexo que se aprimora o desempenho linguístico (não só escrito mas também oral), porque nele se aprofunda a reflexão sobre a própria linguagem. Impossível não perceber que a escola tem de ter sua parte nesse aprimoramento.

A necessidade de relativização da dicotomia língua-padrão x língua não padrão

Outra das perguntas sobre tratamento da linguagem na escola assenta-se no modo de valorização das duas modalidades, a língua escrita e a língua falada, e aí se volta à dicotomia "modalidade-padrão x modalidade não padrão".

Volta-se ao ponto inicial: a escola valoriza a escrita e a norma-padrão, o que, em si, não seria problema, já que, como ninguém pode negar, a escola é instituição que provê ascensão social, e o domínio da escrita é alavanca de aprimoramento sociocultural[8].

Simplesmente criticar como "das classes dominantes" a linguagem que predomina nas escolas é uma atitude superficial. Há de ser aceito que o contrário é que poderia ser tachado de discriminatório, já que representaria negar aos alunos o ingresso nesse mundo "das classes dominantes". Na verdade, aquela transformação das "desigualdades de classes em desigualdades escolares", de que fala

Camacho (1985, p. 4), não é decorrente de colocar-se a escola como a responsável pelo acesso dos alunos à norma-padrão, mas é decorrente do modo como o dialeto não padrão trazido pelas crianças vem sendo tratado, por exemplo do fato de, em geral, as demais variedades serem consideradas "realizações imperfeitas", e a linguagem-padrão ser considerada "uma linguagem neutra, um modelo ideal que paira acima de toda diversidade" (Camacho, 1985, p. 4). É decorrente, ainda, da estratégia de ensino das "formas prestigiadas", a qual se limita a análise de estruturas e a exercício de metalinguagem, prescindindo de vivência plena da linguagem e de atitude reflexiva formadora. Se, como diz Camacho, "somente uma parcela de toda a sociedade tem acesso à variedade prestigiada", essa situação apenas se agravaria se a escola se limitasse a cultivar as formas coloquiais de linguagem em nome de uma falsa atitude democrática. Como bem lembra o próprio Camacho, é o acesso à linguagem prestigiada que permite o domínio de papéis na sociedade, já que dentre eles está o de "dominação política". Isso é que é democrático. "Enquanto o falante dominar somente a modalidade oral, ele não conhece realmente a língua", reconhece, afinal, Camacho (1985, p. 5), enquanto critica a instituição escolar por tomar como sua função "ensinar uma modalidade padrão de linguagem".

O problema que de fato existe – mas não é normalmente criticado – é que as modalidades são colocadas em posições estanques, o que é uma configuração artificial que, de modo algum, reflete o real uso linguístico: norma-padrão é ditame sociocultural, aplicável, nas devidas proporções e especificidades, a todas as modalidades, isto é, a todos os graus pelos quais se estende o contínuo que vai do enunciado prototipicamente de língua falada ao enunciado prototipicamente de língua escrita.

O que cabe, pois, à escola prover, saindo da "saia justa" que não lhe dá defesa, por mais boas intenções que haja de parte dos professores?

Cobra-se que a escola valorize a língua falada? Sim, mas isso não pode implicar redução do papel que tem a escola no tratamento da língua escrita: apenas é lícito cobrar a restauração do equilíbrio que o uso linguístico tem, mas a escola desconhece: numa sociedade letrada não se escreve e se lê apenas, também (e principalmente) se fala. Além disso, nessa modalidade de desempenho é necessário eficiência, inclusive com adequação a padrões socioculturais condicionados pelo campo do discurso, pelo teor do discurso, pelo estilo do discurso (Halliday, Stevens e McIntosh, 1974).

A própria atitude de indicar que certos usos só são permitidos na língua falada, atitude aparentemente respeitadora das modernas descobertas da sociolinguística, acaba sendo discriminatória da língua falada, como se ela fosse uma modalidade menor, de situações de interação inferiores, nas quais tudo vale (mais uma vez, incorrendo-se no erro de dicotomizar modalidades). Lembre-se que a consideração das relações entre oralidade e escrita passou, na história da humanidade, por uma avaliação antropológico-social baseada na crença em uma oposição dicotômica entre a qualidade primitiva da oralidade – concreta porque ancorada na situação – e a qualidade mais desenvolvida da cultura escrita – facilitadora das abstrações, e, consequentemente, do pensamento lógico.

Se, na tradição social, é especialmente a língua escrita que se submete a prescrições, que tem "modelos" etc., no entanto a valorização social do indivíduo – especialmente nos dias de hoje, com a ampla exposição aos meios de comunicação de veículo oral, como o rádio e a televisão – também, e muito, é feita a partir de seu desempenho oral. Lembremos quanto político já foi execrado pela população porque fala "mal", isto é, fora dos padrões esperados[9].

E observe-se que a atividade da escrita (a não ser na escola e no exercício de algumas profissões especializadas) é muito restrita (e, parece que cada vez mais, com a expansão de meios de comunicação que usam a palavra oral). Isso obviamente reforça a atitude generalizada de supervalorização indiscriminada da escrita, esquecendo-se que a superioridade de qualquer das modalidades só existe em termos culturais e sociais.

A necessidade de valorização dos usos

Mais uma vez, o que se afirma, aqui, é que cabe à escola dar a vivência plena da língua materna. Todas as modalidades têm de ser "valorizadas" (falada e escrita, padrão e não padrão), o que, em última análise significa que todas as práticas discursivas devem ter o seu lugar na escola. E mais uma vez se afirma, por outro lado, que à escola, particularmente, cabe o papel de oferecer ao usuário da língua materna o que, fora dela, ele não tem: o bom exercício da língua escrita e da norma-padrão.

E o que significa isso? Significa, especialmente, que à escola cabe capacitar o aluno a produzir enunciados adequados, eficientes, "melhores", nas diversas situações de discurso, enfim, nas diversas modalidades de uso.

Podemos aproveitar o modelo de interação verbal de Dik (1989, 1997)[10] para mostrar que, sendo a forma das "expressões linguísticas" em primeiro lugar dependentes das "intenções" dos falantes, então produzem-se expressões linguísticas diferentes, nas diversas modalidades, basicamente para acomodação ao veículo (seja do ponto de vista da distinta concepção de texto, seja do ponto de vista do distinto meio de realização textual), isto é, para acomodação às condições de produção e, consequentemente, aos modos de apreensão, porque a gramática, afinal, é a mesma! As escolhas, obviamente, são diferentes, para essa acomodação, mas elas se fazem dentro de um mesmo sistema gramatical, e não se pode falar em dois diferentes conjuntos de propriedades formais invariantes e distintas (Kato, 1990, p. 30).

É importante no ensino que se vejam mais as similaridades entre as modalidades do que as diferenças, e é preciso, especialmente, rever o tratamento feito exclusivamente em termos de pares opositivos. Veja-se que as diferenças mais marcantes entre as modalidades falada e escrita provêm das diferentes condições de produção, que são as responsáveis pelas diferenças quanto ao grau de dependência do contexto bem como quanto ao grau de planejabilidade do discurso, fatores que vão explicar as características observáveis, em geral, nas duas modalidades: as restrições do sistema são as mesmas, e as escolhas são determinadas a partir desse condicionamento original (com pura finalidade de adequação), o que não toca a essência da organização dos enunciados (Neves, 2002a, p. 80).

O QUE CONCLUIR

O aparato funcionalista, que respalda essas indicações, sustenta, também, todas as reflexões que aqui se fizeram sobre o reconhecimento escolar da existência natural de muitas normas, uma decorrência do reconhecimento da "sincronia dinâmica" (Martinet, 1989), pela qual a heterogeneidade é inerente a qualquer língua, sendo as variações linguísticas "o verdadeiro motor da mudança linguística" (Clairis, 1999, p. 41)[11]; ou, dito de outro modo – e com base também funcionalista – uma decorrência da consideração de que existe sempre uma "gramática emergente", e de que as línguas são "sistemas adaptáveis" (Du Bois, 1985), embora, a cada momento, sistemas equilibrados (Neves, 1997, p. 112).

Trata-se, afinal, de um reconhecimento do caráter social do uso linguístico[12]. Fica implicado que a variação está a serviço da linguagem, e que, por isso mesmo, a língua-padrão, como qualquer modalidade, não pode ser ignorada, e, além disso, por suas especificidades e funções sociais, tem de ser cultivada nas instâncias apropriadas.

E, afinal, o tratamento da língua-padrão na escola, ao contrário de implicar uma consideração de que essa modalidade seja algo divorciado do uso linguístico, deve assumir que ela nada mais é que uma das variantes da língua em uso.

Notas

[1]   Uma primeira versão deste texto está publicada em Neves (2001b).

[2]   Citando Michael e Collins (1984), Kleiman (1993, p. 419) afirma que o próprio discurso do professor se apresenta como uma preparação oral para a escrita.

[3]   Em pesquisa efetuada com 170 professores da segunda fase do ensino fundamental, verifiquei que 50% tem essa crença (Neves, 1990a, p. 10).

[4]   Hoje as histórias em quadrinhos e as tiras têm, também, grande espaço nos livros didáticos, mas, em geral, são marginais, constituindo, na verdade, apenas pretexto para ensino de metalinguagem gramatical. Ver o capítulo "A gramática: conhecimento e ensino".

[5]   Marcuschi (1999) examina muito pertinentemente a questão do tratamento da oralidade no ensino, acentuando, entre outros pontos: que ambos os domínios, o da língua escrita e o da língua falada, são valiosos; que a oralidade não pode ser vista da perspectiva da escrita; que a escrita não tem papel especial na condução do aluno a um modo mais rigoroso de pensar.

[6]   Volto à questão no capítulo "Para uma gramática escolar. Linguística, uso linguístico e gramática na escola".

[7]   Como observam Chartier e Hébrard (1994, p. 24; *apud*, Reuter, 1997, p. 64), já se passou de um tempo em que "leitura e escrita podiam ser pensadas como atividades disjuntas, a um tempo em que são imediatamente tomadas como duas faces de uma mesma competência". Segundo Reuter, se observarmos as atividades de ler e escrever dentro do processo escolar de ensino-aprendizagem, podemos dizer que ambas são primordiais, por razões como: ambas têm seu ensino-aprendizagem delegado de modo oficial e intenso à escola; ambas são consideradas aprendizagens de base, contínuas e indispensáveis em todas as disciplinas; ambas são consideradas fatores-chave de sucesso ou de fracasso escolar; ambas formam há mais de um século "o modo fundamental de ensino-aprendizagem escolar".

[8]   Kress (1979) atribui, mesmo, ao sistema escolar – ao lado do sistema social – a responsabilidade pelo julgamento da superioridade da escrita.

[9]   Monteiro (1999, p. 164) fala em "decoro gramatical", na avaliação social do português-padrão.

[10]   O tema é tratado no capítulo "A gramática: conhecimento e ensino".

[11]   Clairis (1999, p. 40) lembra que Martinet costuma repetir: "As línguas mudam porque funcionam".

[12]   Diz Preti (1982, p. 1): "O caráter social de uma língua já parece ter sido fartamente demonstrado".

O papel da escola na condução das atividades de produção escrita e de análise gramatical[1]

O BOM DESEMPENHO ESCRITO[2]

As chaves da boa atuação

Parece muito pacífica a ideia de que uma das chaves para um bom desempenho do usuário em língua escrita está primordialmente na sua capacidade de adotar as estratégias comunicativas pertinentes a essa modalidade de atuação (escrita ou oral), basicamente diferentes das estratégias da comunicação oral. Em termos bem banais, isso significa que é pacífica a noção de que uma boa peça de língua escrita não é uma boa composição de língua falada, e vice-versa.

Trata-se de uma proposição aparentemente muito simples, para a qual apenas ficam por prover mecanismos de implementação. Aponta-se, por exemplo, que essa consciência de uma diferenciação entre o desempenho oral e o desempenho escrito, assentada na distinção das estratégias de comunicação, engloba uma diferenciação das situações comunicativas que seja calibrada, e calibrada porque língua falada e língua escrita têm assento, na verdade, num contínuo (Koch e Österreicher, 1990, *apud* Hilgert, 2000, p. 20). O que, afinal, vem resumindo a questão é que a diferenciação desemboca na adequação de registros e em tudo o mais que a sociolinguística já nos ensinou a considerar.

Os complicadores

Vou propor, entretanto, que o exame mais acurado das implicações evidencia complicadores que merecem reflexão. Uma das questões que afloram – pode parecer paradoxal – é que o mau desempenho escolar em língua escrita tem assento, primordialmente, no fato de que os alunos são instados a desprender-se das estratégias da língua falada sem que lhes sejam dadas condições de vivenciar na escrita – como vivenciaram e vivenciam na atividade linguística oral – um real processo de interação verbal.

Sabemos que a linguagem falada é parte da vida de todos e de cada um, e isso naturalmente, por condição essencial do ser humano, que é um ser social e político por natureza, e dotado de linguagem, como já ensinava Aristóteles (Aristote, 1968, I, 2, 1253 a). Desse modo, as estratégias de ação linguística são constitutivas da atividade humana como um todo, inscritas que estão na sua natureza biossocial.

CONDICIONANTES DO DESEMPENHO LINGUÍSTICO

O automatismo da inserção do falante nas situações interlocutivas de uso

Por outro lado, qualquer exame do modelo de interação verbal que caracteriza as relações humanas evidencia um esquema equilibrado, completo, autossustentado, sem lacunas e sem fendas. Quem fala se insere automaticamente num complicado mas natural aparato dentro do qual as expressões linguísticas são apenas um dado, determinadas que são por um mecanismo cognitivamente ativado, espacial e temporalmente ancorado, e socialmente inserido. Tudo isso é automático na língua falada: o falante se engrena nesse mecanismo só com a ativação do funcionamento da linguagem. E, a partir daí, as expressões linguísticas simplesmente decorrem, escorrem, correm, a serviço dos fins últimos a que ele visa na interação, fins que são determinados fundamentalmente pelas próprias intenções motivadoras do ato linguístico, e são condicionados pela inserção social real e concreta dos eventos. Além disso, por sua natureza cooperativa, a interação oral implica constantes reativações do mecanismo, exigidas ou sugeridas por redirecionamentos que nascem da coautoria da produção.

A ausência de condicionamento natural na produção escrita escolar

Ora, toda essa motivação, esse condicionamento, essa inserção é o que falta na produção escrita tal como a criamos nas salas de aula. Na produção escrita escolar, o acionamento do aparato já é diferente, seja qual for o ponto em que se esteja na escala de continuidade dos tipos de produção escrita possíveis, desde os mais próximos da produção oral até os mais distantes dela: as intenções de interação são menos naturais e menos espontâneas, a ancoragem no tempo e no espaço é unilateral, não apenas pela ausência do destinatário (o que é próprio da produção escrita) mas também pela artificialidade do evento, e, afinal, a inserção social é sempre mais protocolar que real. Ocorre que a ação linguística em que a produção escrita escolar se constitui é absolutamente ritual: em primeiro lugar, as finalidades da interação são ditadas do exterior, o que já desmonta toda possibilidade de ativação natural do mecanismo de interação linguística. Afinal, se o aluno se põe a escrever porque lhe disseram que era hora de fazer isso, se entra no processo de produção sem ser instado por uma situação consentida de interlocução, afinal se ele não sabe nem com quem está "falando" – isto é, com quem está interagindo quando escreve – nem por que está "falando", nem para que está "falando" (aliás, ele só sabe que é porque o professor mandou), como pode ele ativar o mecanismo de interação autêntico, aquele que instancia as ações pertinentes, que se detona pelas intenções motivadoras, que se sustenta nas garantias da informação pragmática de quem produz, que se direciona pelo conhecimento da informação pragmática do destinatário? Lembre-se, mais uma vez, que, quando a pessoa se põe a falar, na sua atividade de vida, o esquema completo de interação emerge da própria atividade, e nele nada falta e nada é artificial.

Outro ângulo da questão ainda tem de ser avaliado. Basta continuar no raciocínio que aqui se vem desenvolvendo para notar que, também do ponto de vista do desenvolvimento do ser humano submetido a esse processo na escola, há uma ruptura impeditiva de bom desempenho. Na sua história de vida (até entrar na escola), uma criança tem sempre a atividade oral de linguagem, exatamente porque, como eu afirmava há pouco, a linguagem falada é – natural e essencialmente – parte da vida de cada um: há a idade biológica de falar, como há aquela de sugar o leite e de comer papinha. E as atividades constantes da vida fazem história, uma história que tem sentido próprio, uma história em que a personagem fica inscrita, e que lhe dá também um sentido.

Como querer que haja a força de um tal processo de valor histórico numa atividade mutilada de seus componentes fundamentais, subtraída de suas motivações constitutivas, enfim numa atividade em que o aluno não se vê inscrito e que não lhe faz nenhum sentido?

Sabemos que a atividade oral em linguagem, na escola, se reduz, primordialmente, à leitura, em que o "oral", afinal, se confunde com – e se reduz a – cuidado com a emissão vocal, a partir de texto escrito, isto é, a partir de simples material linguístico resultante de produção escrita. Sem comentário!

Mas deixemos de lado, neste momento, o trabalho com a linguagem falada na escola, e voltemos aos questionamentos sobre a introdução da criança na atividade de linguagem escrita, sem dúvida uma tarefa à qual a escola não pode subtrair-se.

UMA AVALIAÇÃO DO TRABALHO ESCOLAR COM A LÍNGUA ESCRITA

A necessidade de prover uma situação real de uso

E a pergunta é, afinal: a que estamos reduzindo essa atividade se deixamos de compreender que, assim como na vida, na escola a escrita, sendo linguagem, deveria constituir um processo de interação verbal, portanto uma atividade também natural?

Pensemos nas pessoas que naturalmente escrevem no desempenho de suas atividades profissionais, desde técnicos que produzem relatórios que complementam suas tarefas técnicas, até jornalistas ou escritores, cujos textos constituem o próprio universo de sua atividade. Cada um deles sabe exatamente para que escreve, porque a produção é parte – ou é o todo – de sua atuação, e, desse modo, a atividade se configura num completo processo de interação verbal, assentado em um móvel que define intenção, e, definindo intenção (o que inclui definição de destinatário e de seu potencial de interpretação), define também a rede que condiciona toda a interação linguística. O texto avança porque sua construção persegue uma finalidade, a partir de uma causalidade, o texto se vai fechando porque a avaliação da situação interlocutiva está sob o domínio de quem escreve, que é quem teve um móvel para escrever.

É isso o que a escola não consegue prover nas suas atividades de língua escrita: uma situação real, uma situação de vida condicionando o uso linguístico.

E desde as primeiras produções isso seria imprescindível. Aí é que eu pergunto se aquela pregada e buscada necessidade de ruptura com a língua falada seria tão crucial, nessa fase, como comumente se apregoa. Explicitando melhor: será que é tão abominável que a criança escreva "como fala" no início de sua atividade de produção de textos escritos? Essa não seria uma boa evidência de que ela se sente interagindo linguisticamente com seu destinatário? Não chega a ser um mal menor, ou, mais que isso, um procedimento natural? E não pode, afinal, ser uma atividade bem conduzida, na qual se tenha sempre claro aonde é necessário chegar?

Aquela escrita espontânea da criancinha, aquela escrita primeira que a escola ainda não descontrolou, a escrita "tal como a criança fala", aquela cheia de "erros", na avaliação escolar, não é exatamente a legítima reconstrução da consciência de linguagem que a criança tem? Ora, nela está a oralidade da criança, e permeada de todo o letramento natural pelo qual ela já tenha passado, independentemente de ter sido submetida a uma programação de desempenho escrito. É óbvio que os alunos mais letrados obtêm situar mais consistentemente a sua produção escrita: eles sabem melhor por que se escreve (Ferreiro, 1993, p. 353), para que se escreve, e, afinal, como se escreve, porque o letramento é uma vivência, e porque linguagem – qualquer modalidade – só se produz plenamente em vivência. Por outro lado, os alunos mais letrados também já são mais ágeis no desempenho oral, têm maiores habilidades para a expressão oral, as quais naturalmente se transportam para a escrita.

É lugar-comum nos estudos especializados a afirmação de que a criança elabora o texto escrito a partir das suas habilidades para elaborar o texto oral. O problema é que a atuação da escola no gerenciamento da aquisição da escrita pela criança vai na contramão do que é natural, e, portanto, do desejável. É óbvio que, apenas a partir do conhecimento que já tem do acionamento da linguagem e da composição textual em sua atividade oral, pode o aluno seguir para compor seus textos por escrito. Entretanto, uma verdadeira e legítima passagem da inserção na interação oral para a inserção na interação escrita, e do domínio da atividade oral para o domínio da atividade escrita, é abortada pela escola, que, para fazer a criança escrever, retira-a da vivência da linguagem, arranca-a do que seria interação, e constrói um aparato de construção linguística artificial, que nunca produzirá um texto inserido num contexto, a não ser que a própria criança desconheça a imposição da escola e consiga anular a sua influência alienadora. E, no entanto, sobre isso a única coisa que a escola sabe dizer é que a criança "erra" muito na escrita.

Não pode ser esquecida nem minimizada a observação de Labov (1974) de que a criança, quando começa a aprender a ler e a escrever, apesar de já ter construído a sua gramática básica, não é capaz de variar de estilo, habilidade que só se adquire quando se chega à exposição a um grupo social maior. Assim, na fase inicial de aprendizado escolar da leitura, a criança aprende os usos do dialeto de seu grupo de amigos, mas não percebe o significado social das características de fala deles. Imagine-se que conflito isso representa para a atividade de elaboração de textos escritos tal como a escola os pede de crianças que apenas começam a grafar palavras e sentenças artificiais. Em vez de interação de usuários, o que se persegue, e numa faixa ainda de infância, é uma mudança protocolar de dialetos. E a ação fixa-se nos "erros" do código, sabemos muito bem.

A necessidade de respeito ao desenvolvimento cognitivo e à motivação de vida

Obviamente há de ocorrer uma alteração de código, mas, além de não ser um fim em si mesma, ela tem de ser buscada com respeito ao desenvolvimento cognitivo e sem que se rompa a motivação de vida para a produção linguística, e, aí, visando-se especificamente à escrita.

Não se trata de, a todo custo, e violentamente, exigir que o patrimônio adquirido no exercício da linguagem falada seja defenestrado para dar lugar a uma modalidade particularmente regrada, bem-comportada, formal. Essa artificialização de que se tem revestido o exercício de produção de peças de linguagem escrita é um grande desserviço prestado à própria instituição escolar. O fosso propositadamente buscado entre modalidade falada e modalidade escrita da língua nada mais tem feito do que jogar as produções de fala à vala comum dos mal-nascidos, instituindo a noção de que, na fala, tudo é válido, desde termos "mal-empregados" até frases "mal construídas". Acho até que se quer dizer que foi para isso – para entrar na linguagem falada – que os "erros" foram inventados!

Estou chegando, pois, aqui, ao território da gramática, gramática que, aliás, a criança já tem quando entra na escola – porque ela organiza os enunciados em sua língua – mas que a escola assume – e com razão, em princípio – que deve explicitar para seus alunos.

O TRABALHO ESCOLAR COM A GRAMÁTICA

Estado da questão

O processo global de planejamento do texto é, afinal, uma questão de gramática. Na verdade, o que, senão a gramática, sustém as regras de composição (não apenas as microrregras, mas, ainda, as macrorregras) produzindo hierarquias que fazem ressaltar as ideias centrais e compor as ordenações que dirigem o encaminhamento do sentido do todo?

O que se tem visto, porém, é a simples transposição de noções recortadas de manuais tradicionais, transmitindo uma lição pífia: construções "condenadas" são invocadas para dizer-se que na língua escrita elas não seriam aceitas, e, a rigor, fica implicado que a língua escrita, como modalidade de prestígio, tem de ser cuidada, enquanto língua falada é lixo: não tem nobreza, não tem valor, não tem qualidade, talvez nem tenha gramática... Confunde-se seu caráter naturalmente fragmentado – com muitas inserções, truncamentos, patinações, que, na verdade, estão a serviço da organização textual em um meio oral – com transgressão, ruptura de norma, erro, caos. É como se a escola, ao ensinar a linguagem escrita, tivesse por missão livrar seus alunos do caos em que se encontram, ajeitando-os num cosmos, que, entretanto, só artificialmente, só postiçamente, lhes é propiciado[3].

Nada mais inexato do que essa visão. Se a modalidade falada, por seu caráter de maior volatilidade deixa menos visíveis e menos recuperáveis certas marcas de composição, e, por isso, é menos suscetível a avaliação de conformidade a normas, nem por isso é legítimo que ela seja vista como uma modalidade menor, como um vale-tudo, um território de tolerâncias, subversões e transgressões, dentro do qual não cabe sequer imaginar metas a atingir, nas diferentes situações de uso. Na escola, toda essa visão se resume na assunção de que língua falada qualquer um domina, até o aluno, e aí acaba o que ela merece, enquanto a língua escrita tem de vir de cima para baixo – do professor, ou do livro, para o aluno – e, portanto, é algo a ser cuidado. Tudo como se não houvesse norma – em ambos os sentidos[4] – na modalidade falada da língua, como se ela não se instituísse em padrões. Quando algum cuidado se revela em relação ao fato de o desempenho nessa modalidade também ter seu papel no processo de elevação social, elege-se como modelo a ser perseguido o de aproximação com a língua escrita, o que constitui uma das maiores incoerências do tratamento da questão: ignora-se que as inúmeras possibilidades construcionais que a variabilidade da língua tem à disposição de seus usuários para a constituição dos enunciados aproveitam tanto ao desempenho escrito como à produção oral, servindo diferentemente às diferentes situações de uso, aí incluídas as diferentes modalidades de linguagem.

Um exemplo prático da possibilidade de tratamento de três procedimentos de constituição do enunciado: a referenciação textual, a repetição e a topicalização

Para ilustrar, vou citar apenas exemplos de três procedimentos relativos a mecanismos de constituição do enunciado: a referenciação textual, a repetição e a topicalização. E, na verdade, repetição e topicalização constituem, afinal, esquemas construcionais também envolvidos no processo básico referencial instituído pela criação e pela manutenção dos objetos de discurso na teia do texto (Apothéloz e Reichler-Béguelin, 1995; Neves, 2001e).

A referenciação textual

Tanto nos enunciados da língua falada como nos da escrita constrói-se uma teia referencial por introdução e manutenção de referentes textuais, numa rede que, distribuindo os objetos de discurso, organiza informação e conduz argumentação, possibilitando adequada interpretação da intenção comunicativa em cada ato de fala, bem como no total da peça de interação. Entretanto, os recursos de organização serão diferentemente aproveitados, conforme a diferente modalidade em uso. Afinal, nunca é demais lembrar, com Blanche-Benveniste (1994, p. 11-13), que oralidade e escrita são diferentes práticas de língua, que implicam diferentes conhecimentos, e, até, diferentes atitudes. Nem o reconhecimento – e a afirmação – de que existe um contínuo tipológico entre fala e escrita, especialmente trabalhado por Marcuschi (2000, entre outros), enfraquece o reconhecimento de que diferentes estratégias necessariamente se ativam na implementação das duas práticas (Neves, 2001b, p. 326). Assim:

a. Anáforas – especialmente as pronominais, e incluindo-se as elipses – servem muito eficientemente à modalidade escrita, que, mais perene, facilita recuperações que são impossíveis de imaginar na língua falada e que têm papel relevante na arquitetura do texto, como se vê nesta amostra:

*Já vimos que o **sistema nervoso** é dividido esquematicamente em **central** e **periférico**; o **primeiro** [Ø] constituído pelos órgãos elaboradores dos estímulos, reunidos no eixo cérebro-espinhal, e **o segundo** [Ø] representado de um lado pelos cordões nervosos que estabelecem a conexão do eixo cérebro-espinhal com os órgãos de atuação e recepção do organismo, e doutro lado pela cadeia dos gânglios simpáticos que regem a vida vegetativa. **Essa divisão**, embora estabelecida com fins didáticos, é permitida pela disposição anatômica, origem embriológica, estrutura histológica, processos patológicos e manifestações fisiológicas [Ø]. (BAP)*

Alguém imaginaria que um esquema complexo de anaforização tal como o do excerto acima transcrito (que é retirado de obra de linguagem técnica especializada) pudesse ser eficientemente processado e recuperado em interlocução de língua falada? Com certeza, não.

b. Por outro lado, catáforas e outras sinalizações para a frente monitoram bem o andamento oral da elocução, projetando configurações de sentido que deverão pontuar a cadeia que se sucede no desenvolver do tempo. Desse modo, não são "erros", como muitos querem, são, sim, estratégias, usos de língua falada como estes:

*Espero não ter problemas com elas porque... nós mantemos **assim**... um diálogo bem aberto, sabe?* (D2-SP-360, p. 51)

*Eu acho que um trabalho **assim**... de gabinete eu gostaria.* (D2-SP-360, p. 1244)

*Quer dizer não foi... uma escolha sem **assim** :: sem base* (D2-SP-360, p. 398)

*A iluminação era feita com lampião, lampião **daqueles** tipo Aladim* (DID-SP-18, p. 24)

*ele faz a praça **lá** de Caxias* (DID-POA-45, p. 92)

*temos o caso por exemplo **aqui** do nosso sindicato* (D2-RE-131, p. 66)

*Vocês não passaram naquela zona **ali** do Paraná* (DID-RJ-328, p. 13)

*Eu preferia ir pela BR-101 e subir **lá** por... por Campos* (D2-SSA-98, p. 249)

Como já indiquei (Neves, 2002a, p. 82), "a própria característica de linearidade no tempo da língua falada determina a necessidade de apontamentos prévios, de indicações anunciadas, para sustentar o total aproveitamento da mensagem, para garantir que não se perca nada da informação".

A repetição

Repetições têm efeito em ambas as modalidades, mas também com finalidades diferentes, com resoluções diferentes, com efeitos diferentes, e é nessa escolha que o falante obtém maior ou menor adequação.

a. Língua escrita

Como ilustração, transcrevo uma peça literária, "A meu amigo, o Piracicaba", de Lourenço Diaféria, na qual são evidentes os efeitos estilísticos da repetição do substantivo *rio*, que me poupo, aqui, de explicitar. Basta fruir:

A meu amigo, o Piracicaba

*Xará, a gente não deve nunca cuspir num **rio**, por menor que seja esse **rio**, porque ninguém pode dizer dessa água não beberei. Um **rio** tem curvas e voltas. O **rio** é como a vida: mistérios, sombras, grotas, reflexos de prata, remansos e correntezas. O **rio**, por menor que seja, é uma lição de descobertas. Na escola as professoras mandam decorar que um **rio** é um curso de água que corre para o mar. Mas um **rio** é muito mais que isso. Um **rio** está acima das noções de Geografia; é mais que um traço trêmulo no mapa, é mais mistério que um artefato hidráulico. Um **rio** são os pedregulhos, a barranca, os chorões, os galhos debruçados sobre o espelho, anteriores às pontes de concreto. Um **rio** são os olhos insones dos peixes irrequietos, o lodo frio, a loca dos cascudos, o remoinho, a corredeira, o réquiem dos defuntos afogados, a urina dos moleques, o olor da pele das mulheres, o agachar das lavadeiras, o itinerário dos barcos e o silêncio dos pescadores.*

*O **rio** é o patrimônio das pessoas simples, das cabritas e dos pássaros.*

*O **rio** é o grande monumento da cidade.*

*Xará, diz-me que **rio** tens, te direi quem és.*

*Teu **rio** é o horóscopo de teu futuro: claro, pardo ou escuro.*

*Teu **rio** mostra o que pensas das pessoas, o que fazes com as pessoas e às pessoas; se és um homem livre, bom, sensato, feliz ou se és apenas um homem que não tem sequer a alegria de um **rio**.*

*O cheiro do **rio** é teu atestado de antecedentes.*

*Xará, um **rio** pode ser o riso líquido das crianças ou as lágrimas secas dos velhos.*

*O **rio** é a fração ideal de teus sonhos; o brinquedo que restou à humanidade salva do incêndio, que a espada de fogo ateou no paraíso perdido entre Tigre e Eufrates. Xará, o **rio** é tua carteira de identidade, teu certificado de sanidade, teu comprovante de civilidade, teu erregê; registro de gente. Um **rio** é feito para ser amado, para correr e saltitar, para beijar as margens com volúpia. Um **rio** é feito para ser prestigiado, namorado, para ser mostrado aos turistas e aos de casa, com orgulho, assim [...]*

(DIAFÉRIA, J. A morte sem colete. São Paulo: Moderna, 1996, p. 103)

Aparentemente se trata, neste caso particular que aqui serve de ilustração, de simples repetições lexicais, mas é evidente o papel que o jogo das combinações desempenha na condução das articulações tema-rema, aliados a isso, ainda, os cruzamentos entre definição e indefinição dos sintagmas nominais e entre posições referenciais e posições atributivas desses sintagmas no mapeamento da rede textual construída. Trata-se de um típico texto de modalidade escrita, interessantemente representativo dos modelos invocados desde a retórica estoica (Neves, 1987, p. 81) como de textos "em continuidade", daqueles não abrigados na dialética, e que, portanto, desde esses primórdios de investigação da expressão linguística do pensamento, apontavam-se como processualmente distantes das criações amoldadas "em perguntas e respostas"[5].

b. Língua falada

É evidente, também, a eficiência comunicativa das repetições nas construções de língua falada, repetições que aqui temos de contentar-nos em tentar explicar apenas olhando o transcrito, por mais que saibamos que sua eficiência e pertinência são inerentes à produção oral, e, aliás, sua própria existência é determinada pelo caráter oral – de memória de curto prazo – da produção.

A questão da repetição na fala tem sido tratada especialmente num âmbito macrotextual, como estratégia de monitoração que, funcionando independentemente de qualquer planejamento, contribui, entretanto, decisivamente, para a condução do texto oral. Na verdade, é fácil perceber que, nos textos orais, segmentos repetidos constituem verdadeiros patamares de ancoragem, acionados no cumprir do contrato de construção mútua de sentido que entre si mantêm os interlocutores. Pode-se dizer, mesmo, que a repetição é mecanismo constituidor do processo comunicativo, e que, especialmente na fala, o circuito de comunicação fatalmente se quebraria, e com frequência, não fosse o suprimento fornecido pelos segmentos reiterados, distribuídos estrategicamente no fluir da interação.

Basta pensar nas condições de produção e na natureza do veículo, veículo que, na oralidade, se esgota e foge no tempo, não podendo ser freado nem mantido à disposição dos que se comunicam, a não ser por retomadas, reiterações, repetições. Pense-se, ainda, na necessidade maior de recomposições num processo que envolve interrupções e interferências no seu próprio fazer-se, se não se forem resgatando suportes da informação nas sucessivas reiterações de que o texto se guarnece.

O primeiro fato que chama a atenção em língua falada é o alto preenchimento – frequentemente repetitivo – da posição temática, e, particularmente, o alto contingente desse preenchimento com pronome sujeito, inclusive de primeira pessoa, embora também ocorra sintagma nominal nessa mesma posição[6], como na última das ocorrências abaixo transcritas:

*se **ela** foi criada... para um FIM... OUtro... que NÃO... a contemplação estética... **ela** é pragmática* (EF-SP-405, p. 303-307)

*L2 [...] **o menino** pega a pasta porque **ele** já tem lição de casa quer dizer uma corrida é uma corrida assim :: bárbara...* (D2-SP-360, p. 329-330)

ele *não pode se portar como um elemento ditatorial... mesmo porque **ele** não é... uma enciclopédia... ambulante... **ele** não dispõe de toda aquela GAMA* *de recursos de todo aquele cabeDAL de conhecimentos* (DID-RE- 131, p. 258-266)

o barroco baiano era muito mais rico... como solução brasileira [...] era muito original... se bem que ele aparentemente fosse mais pobre (EF-SP-156, p. 550-554)

inclusive eu sei, porque eu vi a concorrência et coetera (D2-SSA-98, p. 210-221)

eu vou s/realmente se eu sei que o filme é bom viu? (DID-SP-234, p. 367-370)

e normalmente eu não estou assim muito por dentro do preço dos alimentos... embora eu ouça minha tia às vezes falar que está tudo muito caro... (DID-RJ-328, p. 53-58)

se há persistência do nódulo... é porque aquele nódulo é patológico (EF-SSA-49, p. 102-103)

Como se observa em vários dos casos aqui reproduzidos, as implicações da relação tema-rema nas repetições que operam na língua falada podem ser privilegiadamente avaliadas aproveitando-se o espaço textual formado por orações "articuladas", ou seja, pela combinação de oração núcleo e oração satélite adverbial (Dik, 1997), construções em que, comprovadamente, as duas orações articuladas apresentam alta ocorrência de correferencialidade entre seus termos. Em investigação realizada com sessenta minutos de gravação de arquivos do NURC, Neves e Braga (1999) chamam a atenção para o grande número de construções (mais de 50%) que envolveram repetição de material (vocábulo, sintagma, oração), destacando-se as construções concessivas que, acentuadamente dialógicas e argumentativas (Neves, 1999c, p. 545-546), atingiram 70% de ocorrências de algum tipo de repetição entre um e outro membro do complexo oracional articulado.

Na verdade, pode-se afirmar que a repetição pura e simples de um nome ou de um sintagma nominal, também frequente na língua falada, oferece-se num esquema que em nada lembra, como procedimento de organização textual, a peça de língua escrita sobre o rio Piracicaba, produzida por Diaféria. Na cadência de uma cadeia que, em intervalos curtos, tem de apoiar-se em referências claras e diretas para que as pertinências não se desvaneçam, sintagmas idênticos se sucedem, e isso ocorre especialmente em posição remática, naquela posição privilegiadamente eleita para descarga de material densamente informativo, material basicamente lexical, que muito especialmente é colocado no extremo direito do enunciado:

Eu acho que é o futebol[7], que a gente só ouve falar em futebol... só futebol, né... (DID-POA-45, p. 226)

Quando eu tenho mais urgência eu telefono... mesmo que seja pra Alemanha ou pra França eu telefono (D2-RE-151, p. 811)

Eles querem sempre... por mais que a gente dê eles querem sempre mais coisas, né? (DID-SSA-231, p. 236)

Eles pescam muito peixe de rio e usam muito na alimentação peixe de rio... sabe...? (DID-RJ-328, p. 127-132)

Dormir bem eu nunca durmo bem... com problemas diários não dá pra dormir bem... (DID-POA-09, p. 435-436)

Topicalização

Temas marcados, colocados na cabeça do enunciado, criam, na elocução oral, molduras conceptuais pré-oferecidas, fortemente orientadoras do todo da proposição colocada em sequência, o que previne as possíveis consequências de perda de ancoragem, previsíveis a partir da rapidez da sucessão oral. Assim, são comuns enunciados orais como:

Drama já basta a vida. (DID-SP-234, p. 126)

Mas aquele filme saí cansada do cinema (DID-SP-234, p. 390)

Mas eu :: ahn merenda escolar eu tenho pouca noção (DID-RJ-328, p. 405)

então... sobre o problema do primário... essa reforma do primário e ginásio eu não estou muito a par não, né? (DID-SA-231, p. 33)

Esses são enunciados típicos de língua falada, não porque sejam mal-estruturados, como diria um mestre que quisesse guiar-se por certas lições meio encarquilhadas, mas porque a abertura da sentença com o tema, enunciado com acento marcado (*drama, aquele filme, merenda escolar* e *essa reforma do primário,* respectivamente), cria um enquadre dentro do qual vai poder manter-se engajado o interpretante, na subsequência do fluxo oral do enunciado[8], que, por ser oral, é fugidio.

O QUE CONCLUIR

As necessárias diferenças entre língua falada e língua escrita, entretanto, são trabalhadas na escola apenas como instrumento de castração, e especialmente com foco na escrita, o território privilegiado em que se obtém ascensão social. O espaço que a língua falada tem no ambiente escolar – considerados especialmente os materiais didáticos mais geralmente em uso – limita-se à observação de que determinados termos e construções são admitidos, ou tolerados, apenas para essa modalidade de língua, e de que não se pode escrever como se fala. Em geral erroneamente tratada, a questão se dirige para a conclusão de que, na modalidade falada da língua, tudo – ou, pelo menos, quase tudo – se admite, e isso significa que ela é uma modalidade que não tem regras e que não requer cuidado de adequação, portanto, imperfeita por definição, e, como tal, não merecedora de constituir foco de reflexão. Por outro lado, a língua escrita é uma atividade tão artificial na escola que é quase como se ela não fosse linguagem e se reduzisse a um traquejo ritual, aliás penoso e detestado.

Uma pergunta é crucial: Não será uma boa lição para os professores de língua pátria o fato de que as crianças e jovens detestam fazer as redações que pedimos, e, no entanto, gostam tanto de entrar na linguagem da Internet, onde tão à vontade acionam, com caracteres escritos, suas capacidades de usuário da língua? Exatamente aquelas capacidades inatas que ignoramos quando os submetemos a essa espécie de adestramento!

Notas

[1] Uma primeira versão deste texto está publicada em Neves (2002d).

[2] Os temas tratados já foram objeto de estudo no capítulo anterior.

[3] É oportuno lembrar aqui, porque tocam perturbadoramente esse processo, duas noções marcantes na realidade brasileira, apontadas respectivamente por Kato (1993) e por Lucchesi (2002). A primeira refere-se à "diglossia" que existe "entre a fala do aluno que entra para a escola e o padrão de escrita que ele deve adquirir" (Kato, 1993, p. 20) e a segunda refere-se ao "diassistema polarizado" que distingue "por um lado, uma NORMA CULTA e, de outro lado, uma NORMA VERNÁCULA ou POPULAR", porque "a realidade linguística brasileira" "não é apenas variável e heterogênea, mas é também PLURAL, mais precisamente polarizada" (Lucchesi, 2002, p. 76).

[4] Ver capítulo "Norma, bom uso e prescrição linguística" e capítulo "A fixação da norma-padrão: a fonte e os limites".

[5] Ver, na Parte II, o capítulo "As relações entre ciência linguística, uso linguístico e as noções de 'certo' e 'errado'".

[6] O preenchimento do sujeito com sintagma nominal é dependente do esquema de estrutura argumental. Sabidamente, por uma série de investigações levadas a efeito em diversas línguas (Du Bois [1985, 1987], para o sacapulteco; England, Martin [s/d], para outras línguas maias; Kumpf [1992], para o inglês; Ashby, Bentivoglio [1993], para o francês e o espanhol; Bentivoglio [1994], para o espanhol antigo; Dutra [1987], Neves [1994b] e Pezatti [1996], para o português), é baixo o preenchimento de sujeito por sintagma nominal com verbos transitivos diretos, os quais preferentemente têm sintagmas nominais (que codificam informação nova) na posição de objeto direto.

[7] O destaque indica segmento com força acentual.

[8] Deixo de comentar – mas o processo é semelhante – enunciados com pronome-cópia, muito frequentes na língua falada, do tipo de *Então a minha de doze anos ela supervisiona o trabalho dos cinco.* (D2-SP-360) ou de *porque o Nélson... fins de semana ele estuda* (D2-SP-360).

Uma gramática escolar fincada no uso linguístico[1]

O CONCEITO DE GRAMÁTICA COMO ATIVIDADE ESCOLAR

Qualquer avaliação de uma diretriz impressa ao ensino de gramática passa necessariamente pela avaliação de dois parâmetros: primeiro, o que se entenda que seja a "gramática" que deva ser trabalhada nesse nível, e, segundo, o que se considere que seja, dentro do exercício da linguagem que os alunos ativam nas suas interlocuções, o foco do tratamento gramatical a empreender-se, isto é, o papel que tenha, na atividade escolar da análise linguística, a consideração do real funcionamento da linguagem. Vamos partir da segunda para a primeira questão.

REFLEXÕES SOBRE O FUNCIONAMENTO DA LINGUAGEM

A complexidade da "troca" linguística

Para falar da natureza da linguagem, poderemos começar lembrando o famoso esquema do "circuito de comunicação", constante praticamente de todos os livros didáticos dos anos 80. Nesse esquema, duas carinhas (emissor e receptor) apareciam face a face em duas pontas, e entre elas se registravam os demais componentes do circuito: canal, mensagem, código etc.

Do ponto de vista do registro de dados, obtinha-se um esquema de fácil apreensão e de certa completude. Por exemplo, a Física respondia pela ondas sonoras e sua transmissão; a Psicologia sustentava a consideração das funções mentais; a própria ciência linguística guiava a explicitação da utilização do código, pois não nos esqueçamos de que, desde os estoicos, essa ciência tem uma teoria dos signos (Neves, 1987, p. 83-85).

Entretanto, o real funcionamento da linguagem ficava por determinar, especialmente porque emissor e receptor permaneciam como dois bonequinhos, um em cada ponta, peças (artificialmente) aparatadas para, num momento, codificar, e, em outro, descodificar mensagens, isto é, ativamente, atribuir significados, e, passivamente, interpretar enunciados, aparentemente numa sequência regular e mecânica.

Como esquema, aliás, era uma boa peça, aparentemente fechada; entretanto, como sugestão das funções que se cumprem no uso da linguagem – especialmente num tratamento dirigido à criança – era uma simplificação perigosa.

E por quê?

Em primeiro lugar, não se pode, nunca, perder de vista o fato de que a produção do enunciado resulta de uma complicada troca, que é a interação linguística, nesse esquema desconsiderada, ou, pelo menos, minimizada. E, aí, o próprio modelo do circuito de comunicação tem de ser revisto. Em cada ponta não há mais uma careta, ou um bonequinho, e nem podem as duas pontas do circuito ser vistas em molde idêntico: do lado do falante (um indivíduo com inserção social e com história), pesa a força da situação de comunicação, desde antes do planejamento da fala; na outra ponta, o interlocutor (também um indivíduo com inserção social e com história) não é um simples destinatário, pois o próprio direcionamento do enunciado, além de carregar a marca daquele que pratica o ato de fala, é regido pela imagem daquele que está na outra ponta.

Nesse complicado esquema, que é o da real interlocução, o falante insere no plano de seu enunciado a própria expectativa que supõe que seu ouvinte tenha sobre aquilo que será dito, e, ainda, a avaliação que ele tenha do potencial que seu ouvinte reúne para interpretar aquilo que ele possa dizer[2]. Ao mesmo tempo, ele sabe que a interpretação que seu enunciado poderá gerar será também condicionada pela avaliação que seu interlocutor, ao receber o enunciado, faça da intenção que direciona a produção do seu enunciado, bem como do potencial informativo daquele indivíduo que ele espera que recupere tal intenção.

Concluindo: há que considerar um esquema de interação verbal mais rico – digamos assim – e mais real do que aquele que trata dos componentes desvinculados, que entram no circuito apenas como peças de uma máquina de codificar e descodificar.

O estatuto singular e conjuntural da situação interativa

Fala-se, aí, de uma situação interativa, porque é em interação que se usa a linguagem, nela é que se fala, sem desprezar-se o fato de que a natureza da linguagem e sua relação com a categoria língua implicam não apenas atividade, mas também conhecimento e capacidade. No uso linguístico produzem-se textos. Há uma situação interativa absolutamente singular e conjuntural: há atos de fala. Isso ocorre, entretanto, no exercício de uma capacidade humana natural universal, e em uma determinada língua particular.

Ora, o homem fala porque tem, em primeiro lugar, a capacidade de produzir linguagem, isto é, uma competência linguística, que é o poder falar, mas também porque tem o domínio de uma língua particular historicamente inserida, isto é, um saber, que é o conhecimento de um idioma, e, ainda, porque se encontra em uma dada situação de uso, isto é, num evento comunicativo, em que se produz o discurso. Em suma, há o exercício da capacidade de falar (a linguagem), num falar historicamente inserido (numa dada língua) e num evento particular (na interlocução) (Coseriu, 1992 [1988]).

A produção linguística como construção do sentido do texto (cumprimento das funções da linguagem)

Voltando, nesse percurso, do fim para o começo, parto da unidade texto (que é o resultado de um discurso) e que é, pois, a unidade privilegiada de reflexão e de análise. Afinal, os textos constituem o desenvolvimento das peças que o discurso constrói, mediante o saber de um idioma particular que uma tradição mantém equilibrado (embora sempre se possa falar em equilíbrio instável), e representando a documentação do exercício efetivo da capacidade de linguagem (Neves, 1997, p. 112).

O que fica revelado é que o foco da busca está, na essência, nas funções da linguagem que se cumprem na produção textual. Em última instância, o que se examina é a construção do sentido do texto, o que equivale a dizer que se acompanha o cumprimento das funções da linguagem, organizadas e regidas exatamente pela função textual, aquela que operacionaliza todas as demais que se possam ligar às atividades cognitivas e às interacionais.

As relações entre língua, linguagem e situação de interlocução

Diferentes correntes teóricas que estudam a linguagem vão privilegiar uma ou outra dessas visões do funcionamento da linguagem. Por exemplo, a capacidade humana da linguagem é o foco da investigação gerativista; a atenção às línguas particulares e a sua organização dentro de uma história e de um sistema constituem território da gramática descritiva, da filologia, da sociolinguística; a atuação linguística abre leque para múltiplas investigações de análise do discurso; e sem esquecer que a questão da norma perpassa os dois últimos planos.

Essa proposição propicia que se traga à discussão um ponto essencial para a compreensão do fenômeno da linguagem (muito bem fundamentado nas propostas teóricas de Coseriu, 1992 [1988]). Como ser humano, o homem fala[3], e, portanto, o falar tem dimensão universal: o homem, simplesmente, tem essa capacidade natural. Como elemento de uma comunidade, o homem fala uma língua particular, que necessariamente tem uma inserção histórica: é a língua x, e não a y, uma ou outra sempre representativa de uma tradição. E como indivíduo que vive situações de interlocução, o homem produz discurso sobre algo.

Resumindo: graças à sua capacidade de falar e graças à sua inserção histórica numa língua particular, o homem, efetivamente, atua linguisticamente, ele produz discurso, ele constrói textos.

A RESPOSTA DA GRAMÁTICA ESCOLAR TRADICIONAL À COMPLEXIDADE DO FUNCIONAMENTO DA LINGUAGEM

A limitação ao oferecimento de "esquemas"

E onde entra a gramática? O que representa trabalhar com gramática, ou ensinar gramática?

Em primeiro lugar, tradicional e historicamente, e a rigor, a gramática que a escola "oferece" a seus alunos é a que está no bloco intermediário desse elenco que considera os aspectos do "falar": é a gramática de uma língua particular, no nosso caso a gramática do português. O que ocorre, entretanto, é que se considera cumprida a missão de oferecer aos alunos a "gramática" da língua portuguesa com o simples oferecer de parâmetros tradicionalmente instituídos: esquema de classes e subclasses, ou elenco de funções dentro da estrutura oracional, nem sempre avaliadas as relações entre as classes e as funções, relações, que, reconhecida e comprovadamente, não são biunívocas[4].

Dois problemas, pelo menos, estão instaurados: a metalinguagem sufoca a linguagem, o que é antinatural, e o nível a que se limita a análise (a oração) não é o nível ao qual a linguagem chega (que é constructo da interação). Afinal, desconhece-se que a gramática da língua particular (do português, no caso) deriva de uma capacidade natural (e, com ela, de fato, nada é necessário fazer), e, acima de tudo, se efetiva no uso, nas situações interlocutivas, na criação de textos[5].

Na verdade, nem os leigos nem os estudiosos têm sabido muito bem o que fazer com a gramática – e vou mais longe, com a disciplina Português – que, no fundo, revolta – ou pelo menos incomoda – todos aqueles que se sentam nos bancos escolares. E incomoda porque todos – ou quase todos – não entendem bem a que chegarão, com ela, ao final do "aprendizado". E a reflexão vai para a seguinte questão: Que esperam a sociedade e a família das aulas de Português nas escolas?

A indefinição das finalidades declaradas

Em primeiro lugar espera-se que o aluno fale e escreva (especialmente, escreva) melhor[6]. Ora, para essa finalidade, temos, tradicionalmente, duas possíveis soluções: adequação ao padrão culto ou adequação aos propósitos comunicativos, e ambos os resultados interessam: o primeiro representa falar e escrever de acordo com a norma-padrão, o que, pela adequação sociocultural dos enunciados obtida, garante aprovação da sociedade, desempenho que pode ser pautado por uma gramática normativa de orientação segura; o segundo representa falar e escrever com compreensão do modo de organização dos enunciados bem como dos procedimentos que levam a uma adequada obtenção de sentidos (semanticamente acurados e pragmaticamente eficientes), desempenho que pode ser beneficiado com o procedimento reflexivo a que leva o trabalho com uma gramática de usos teoricamente sustentada. Entretanto, na prática, há um conflito com a gramática ensinada, porque ela nem é normativa (para guiar a correção) nem vai ao texto (para, de fato, ensejar um melhor desempenho no uso linguístico). O que verifiquei (Neves, 1990a) é que os professores foram despertados para uma crítica dos valores da gramática tradicional, e, por isso, têm procurado dar aulas de gramática não normativa, o que os leva a que as aulas de gramática sejam reduzidas a uma simples exposição de taxonomia. Verificam eles que a gramática que ensinam não está contribuindo para a finalidade pretendida de "escrever melhor", mas mantêm as aulas sistemáticas de gramática como um ritual imprescindível à legitimação de seu papel.

E volto aos três aspectos da linguagem que, com apoio em Coseriu (1992 [1988]), desdobrei no início dessas reflexões[7].

No primeiro aspecto, não cabe, por natureza, julgamento de mérito sobre um "falar melhor", já que o que está em questão é a capacidade linguística do falante natural, aquela de simplesmente conseguir entender e fazer entender enunciados da língua materna, uma "competência" cuja avaliação não envolve condições de atingimento de padrões desejáveis.

No terceiro e último aspecto, que corresponde à vivência de situações de interlocução, também a escola não tem posto particularmente em questão o sucesso da interação, a pertinência da inserção do discurso na interlocução, a qualidade do texto etc.

Resta o segundo aspecto, o que se refere à língua em particular de cada comunidade. Viciados na tradição, e sem entender o que é, realmente, "falar e escrever melhor", os pais querem registrada nos cadernos de seus filhos toda aquela sistematização, aquela hierarquização de entidades e subentidades, suas definições, seus exemplos, e, de quebra, uma série de exercícios, não importa quão mecânicos sejam. Está viva, no fundo, a ideia de que a exposição de paradigmas linguísticos resgata a "boa linguagem", preserva padrões, evita violações e, a partir daí, protege contra as sanções da sociedade.

Afinal, no tratamento da gramática, como anda a escola?

A falta de consideração do funcionamento da linguagem

Mais uma vez insisto no fato de que a escola, em todos os seus níveis, descuida de assentar o tratamento da gramática na reflexão sobre o funcionamento da linguagem, ignorando as relações naturais entre as diversas modalidades de desempenho linguístico, sejam elas produzidas em um ou em outro veículo (oral ou escrito), sejam elas vazadas em um ou em outro nível de tensão (culto ou coloquial, e com todas as nuanças), sejam elas vistas em um ou em outro dos polos em que se distribuem (no falar e no ouvir, no escrever e no ler).

Privilegiar a reflexão é exatamente a razão de preconizar-se um tratamento da gramática que vise ao uso linguístico. Não apenas o estudioso da língua portuguesa, mas também o falante comum, conduzido na reflexão sobre o uso da linguagem, vai poder orientar-se para a utilização eficiente dos recursos do processamento discursivo, e, a partir daí, chegar a uma sistematização dos fatos da língua legitimada pelo efetivo funcionamento da linguagem.

Um grande complicador interfere: a falta de considerar-se o que representa o uso da linguagem, a produção discursiva, a criação e a recepção de textos. O que falseia a proposição pura e simples de um esquema como esse, apresentado como se refletisse a "comunicação" humana, é que o uso da linguagem é, basicamente, o cumprimento de funções. Não é necessário adotar-se particularmente nenhum dos elencos já propostos para as "funções da linguagem", como os de Bühler, Jakobson, Halliday (Neves, 1997, p. 9-14) para assegurar que, no uso linguístico, sempre se preenchem funções, e, que, especialmente na escola – por excelência um espaço de troca – é o real funcionamento da linguagem que tem de estar no centro das ações.

Se queremos que as crianças falem e escrevam melhor, queremos que elas exerçam plenamente, sem bloqueios, sua capacidade natural de falantes, queremos que elas obtenham o domínio da língua particular que falam, o português, queremos que, nas suas atividades interlocutivas, elas consigam que as interpretações recuperem na melhor medida possível as intenções, já que essa é a meta de eficiência do processamento da interação verbal (Dik, 1997).

Entretanto, qual é a avaliação que se tem feito da gramática do ensino tradicional, especialmente levada em conta a sua relação com o uso linguístico?

O caráter "ritual" do ensino tradicional de gramática

Todos os estudiosos que se têm dedicado a avaliar o ensino vigente nas escolas têm acentuado o caráter absolutamente "ritual" de que o ensino tradicional de gramática se tem revestido:

- primordialmente se organizam atividades de simples rotulação, reconhecimento e subclassificação de entidades (classes ou funções);

- essas atividades se apoiam em uma prévia definição das entidades, oferecida como acabada, pretensamente inequívoca, absoluta;

- esse modo de tratamento das atividades, por si, implica que as entidades sejam tidas como discretas, com limites precisos, exatamente abrigados na definição oferecida;

- esse modo de tratamento das atividades significa, também, que a gramática é vista simplesmente como um mapa taxonômico de categorias, alheio à língua em funcionamento e organizado independentemente dos atos de interação linguística, das funções que se cumprem no uso da linguagem, dos significados que se obtêm no discurso;

- configura-se, pois, o ensino da gramática como uma exposição e imposição de parâmetros, nos quais se devem simplesmente enquadrar, segundo instruções mecânicas, as entidades isoladas em textos-pretextos prontos, ou em orações artificiais especialmente construídas para tal exercitação;

- fica implicado, também, que a gramática acionada pelo falante de uma língua ao organizar a sua linguagem se esgota na estrutura da oração;

- com tudo isso, fica configurado, acima de tudo, que se prescinde de toda reflexão para falar de "gramática", e que se desconhece absolutamente o uso da linguagem quando se trata a "gramática" da língua.

O MODO DE LEGITIMAÇÃO DO TRATAMENTO ESCOLAR DA GRAMÁTICA

A necessidade de contemplação da complexidade do funcionamento da linguagem

Podemos até permanecer apenas na consideração da gramática como parametrização de uma língua particular – a "gramática disciplina", a gramática de uma língua historicamente inserida – para defender que é partindo do todo da interlocução que a análise linguística se torna legítima, e, mesmo, possível.

Nem é necessário acentuar os aspectos que não representam o que tradicionalmente se tem entendido como "gramática", aqueles que constituem a "gramática organização", não a "gramática disciplina", e que são:

a. a gramática como um sistema de princípios que organiza as orações, sistema do qual têm posse todos os falantes nativos de uma dada língua, nada mais que aquela natural capacidade de produzir enunciados na língua materna que o falante aciona numa simples ligação entre cognição e linguagem;

b. a gramática como a extensão da competência do falante à organização das peças de interação, seja em textos continuados seja em peças em coautoria (a produção de discurso na interlocução, a competência comunicativa).

No aspecto a. – a competência linguística – temos a parte "computacional" da linguagem: o "programa" sempre "roda", porque nunca um falante natural viola o sistema; todo falante é competente, ele nunca ignora as restrições ao sistema, e, nesse sentido, ele não tem nada que aprender com algum ensino particular.

No aspecto b. – a produção de discurso na interlocução – o território é o das escolhas (Neves, 2002a, p. 80), portanto da "adequação", onde se calibra a "qualidade" do texto, o que depende de uma reflexão sobre os usos linguísticos, sobre os (bons) efeitos de sentido, sobre as (eficientes) peças linguísticas naquele particular evento de interlocução.

A necessidade da rejeição de moldes pela compreensão de que a heterogeneidade é constitutiva da linguagem

A que se chega, afinal? Ao fato de que não é a homogeneidade que se tem de buscar no exercício de uma atividade reflexiva sobre a linguagem; pelo contrário, a heterogeneidade é constitutiva da linguagem, pois a língua é um sistema eminentemente variável.

A partir daí, a perspectiva direcionadora do tratamento escolar da linguagem seria, a princípio, a rejeição de moldes, sejam eles de desempenho, guiado por submissão estrita a normas linguísticas consideradas legitimadas, sejam eles de organização de entidades metalinguísticas, guiada por submissão estrita a um paradigma e suas exemplificações, o qual, excluindo outras formas, veladamente constitui uma organização modelar, e, portanto, diretiva[8].

A consideração da linguagem para a qual a sociolinguística nos preparou estabelece, irrefutavelmente, que, no funcionamento da linguagem em uma comunidade, não é natural que os padrões se imponham ao uso, mas que o uso estabeleça padrões, os quais, obviamente, do ponto de vista sociocultural, são submetidos a uma avaliação, já que diferentes usos hão de ser adequados a diferentes situações de uso.

Entretanto, a grande parte das lições gramaticais que os livros didáticos oferecem desconhece variação e mudança, e desconhece, principalmente, a ampla faixa de liberdade que o falante tem, no uso da língua, para compor seus enunciados. Tudo se diz, nas lições de gramática, como se houvesse um conjunto de paradigmas (esquemas) que, conhecidos, levassem a que se consiga usar (adequadamente) a língua e se logre dizer (bem) o que tem de ser dito.

UMA ILUSTRAÇÃO DA EXERCITAÇÃO GRAMATICAL CORRENTE NAS ESCOLAS

Vejamos exemplos de fatos (Neves, 2000a) desconsiderados nessa situação:

a. O funcionamento de algumas classes de itens pode resolver-se satisfatoriamente no nível da oração:

- É evidente que é nos limites da predicação que o verbo, por exemplo, determina sua estrutura argumental (os papéis semânticos, como Agente, Destinatário etc., e – postos em perspectiva esses papéis semânticos – as funções sintáticas, como sujeito, objeto indireto etc.).

- Na contraparte disso, dentro da oração também se resolvem os papéis e as funções dos substantivos (mais especificamente, das expressões ou sintagmas que têm por núcleo um substantivo). Entretanto, dos sintagmas ou expressões que têm por núcleo um substantivo, também participam elementos de outra natureza, por exemplo alguns referenciadores de que se tratará logo adiante, em b).

b. Por outro lado, o funcionamento de outras classe de itens só se resolve – e, na verdade, só "começa" a resolver-se – em nível que "desconhece", que extrapola a organização oracional:

- Pronomes pessoais de terceira pessoa (**ele, ela** etc.), embora da mesma esfera semântica que os substantivos (argumentos / participantes da estrutura argumental das predicações: Agente, Destinatário, sujeito, objeto indireto etc.), só se resolvem semântica e gramaticalmente se se põe em consideração seu papel de referenciadores, isto é, se se executa a instrução de busca de referente – em qualquer ponto do texto, ou no contexto – que eles instruem com a sua simples presença.

- Do mesmo modo, demonstrativos, artigos definidos e possessivos, embora tenham sua função interna ao sintagma nominal (adjuntos adnominais), só podem ser "interpretados", só podem ter sua "gramática" resolvida se se põe em consideração o seu papel de referenciação textual ou situacional, se se atende àquela mesma instrução de busca que transcende os rígidos limites da estruturação sintática, isto é, os limites da oração. E é assim que eles dão aos sintagmas em que ocorrem – que têm um substantivo como núcleo – uma função e uma dimensão textuais inequívocas.

A avaliação do papel textual dos sintagmas nominais pode ser, numa boa direção, empreendida verificando-se o tratamento das funções argumentais que eles cumprem, mais especificamente examinando-se o modo como é tratado o preenchimento da função sujeito nos exercícios escolares, e cotejando-se esse tratamento com o que representa uma escolha, ou outra, do elemento que funciona como sujeito nos textos usados como mote para os exercícios propostos. Parto de exercícios porque acredito que a exercitação é o ponto revelador por excelência não apenas dos procedimentos como também do suporte teórico que conduz as reflexões[9].

A primeira verificação é que o termo sujeito é costumeiramente tratado nas escolas em orações observadas avulsamente, como unidades autossuficientes (mesmo que retiradas de textos produzidos), e com vistas apenas a uma classificação mecânica, operada com base em indícios superficiais e não relevantes, não se pondo em questão a dinâmica do texto e a organização referencial do discurso implicadas na escolha do modo de expressão do sujeito.

Aqui vai transcrito um exercício encontrado em livro didático (exercício que se encabeça por duas definições, a de sujeito e a de predicado), assim elaborado:

Termo de que se fala alguma coisa = sujeito.

O que se fala do sujeito = predicado.

Classifique o sujeito:

(1) *Caraíbas têm cabeça oca.*

(2) *Deviam ter aprendido lições.*

(3) *A caça e o peixe também fugirão.*

A resposta pretendida é que, no caso (1), se diga que **caraíbas** é o sujeito (expresso) simples da oração, que, no caso (2), se diga que o sujeito da oração (de **deviam ter aprendido**) é oculto. Ora, uma atenção mínima ao processo textual de referenciação requereria outra lição inicial (não as definições que encabeçam o exercício)[10], e levaria ao tratamento da questão por outros caminhos. O primeiro procedimento seria manter as frases no texto, já que o chamado "sujeito oculto" da segunda oração[11] nada mais representa do que o recurso a uma elipse do sujeito (permitida em nossa língua, mas não em outras, como o inglês, o francês, o alemão) por efeito da organização textual: o enunciador escolheu um "vazio", um "zero" (Ø) nesse ponto do enunciado porque esse zero é suficiente para manter a adequada remissão, na busca de informação, como se comprova observando o texto do qual a frase foi retirada, texto que se encontra transcrito algumas páginas antes do exercício proposto[12], mas que, na proposição do exercício, é absolutamente esquecido e ignorado:

A profecia

Caraíbas têm cabeça oca. Ø Deviam ter aprendido muitas lições com o povo filho da terra e não souberam enxergar, nem ouvir, nem sentir. E Ø sofrerão por isso.

Dia virá em que Ø ficarão com sede, muita sede, e Ø não terão água pra beber: os rios e lagoas e valos e regatos e até a água da chuva estarão sujos e pobres. E Ø chorarão. E Ø continuarão com sede porque a água do choro é salgada e amarga... [ ]

Como se vê, a elipse do sujeito (ou seja, o "zero") também é suficiente para a recuperação do objeto de discurso **caraíbas** nas cinco orações seguintes: sujeito de **sofrerão**, de **ficarão**, de **não terão**, de **chorarão** e de **continuarão**.

O mesmo não se pode dizer das orações que vêm a seguir no texto, nas quais se introduzem novos tópicos oracionais, novos temas:

*[ ] O **tempo da fome** também virá. E **a terra** estará seca, o chão duro. **As sementes do milho e a mandioca** não mais nascerão verdes, alimentando a esperança de quarups ao redor do fogo com muita comida e bebida. **A caça e o peixe** também terão fugido ou morrido. E **a fome** apertará o estômago do caraíba e ele não poderá comer nem sua riqueza, nem sua terra nua e estéril.*

***Os dias** serão sempre mais quentes. E quando o **caraíba** procurar uma sombra como abrigo, descobrirá que **a terra** não tem mais árvores.*

***As noites** serão escuras e frias. Sem lua, sem estrelas. E sem fogueiras quentes.*

*E **o caraíba**, o **homem-branco**, chorará. E quando acordar de sua imensa estupidez será tarde, muito tarde.*

Eu, Tamãi, o velho pajé, falei. (Zotz, 1979, p. 14, grifo meu)

É exatamente por isso que, no caso da oração (3) do exercício, o que se espera é que o aluno responda que o sujeito é (expresso) composto (*a caça e o peixe*). Ocorre que, quando uma oração se constrói com o chamado sujeito "expresso" representado por uma expressão que tem substantivo como núcleo, tal fato tem razões discursivo-textuais[13]: não é porque alguém decidiu, num determinado momento, contemplar uma das "subclasses" de sujeito da Nomenclatura Gramatical Brasileira (sujeito oculto, sujeito simples etc.), mas porque, nesse ponto do enunciado, um sintagma nominal se faz necessário para operar uma descrição, imprescindível à configuração de uma entidade no fluir da informação, o que não se obtém com Ø ("sujeito oculto") e nem mesmo com **ele, ela, eles** ou **elas** (sujeito expresso por pronome pessoal).

Desse modo, também na escolha entre sujeito "expresso" por sintagma nominal e sujeito "expresso" por pronome pessoal interfere a organização tópica, já que – como eu já disse em outro estudo (Neves, 2002a, p. 226) – ninguém procede, no caso "como se estivesse simplesmente diante de um teste de múltipla escolha". Obedecidas as restrições inerentes ao sistema (por exemplo, a impossibilidade de um pronome oblíquo átono, como *lhe*, ou de um pronome pessoal preposicionado, como *dele*, na posição de sujeito), o falante procede à escolha que considera comunicativamente adequada, e usa um sintagma nominal para ocupar a casa de sujeito num ponto do enunciado em que se reclama a especificação descritiva (por um núcleo nome) da entidade a que se faz referência, que é o caso, nesse texto, de *o tempo da fome, a terra, as sementes de milho e a mandioca, a caça e o peixe, a fome, os dias, o caraíba, as noites, o homem branco*. E escolhe, diferentemente, um pronome pessoal de terceira pessoa em algum ponto do enunciado em que é necessária uma referenciação pessoal – e por isso não ocorre zero, ou elipse, mas ocorre *ele* ou suas flexões –, mas não é necessária a especificação descritiva da entidade referenciada (que um substantivo faria), como na segunda oração desta frase: *E a fome apertará o estômago do caraíba e **ele** não poderá comer nem sua riqueza, nem sua terra nua e estéril*. (Zotz, 1979, p. 14, grifo meu).

Para que um estudante reflita sobre os recursos que a língua lhe oferece para melhor desempenho, o que proponho como absolutamente imprescindível é que se propicie uma reflexão sobre a funcionalidade das escolhas que o falante faz e sobre os resultados de sentido que cada escolha desencadeia. Não há uma substituição mecânica de nome por pronome, ou de pronome por zero, operada aleatoriamente, como sugerem exercícios que também encontrei propostos, do tipo de:

Substitua a expressão grifada por um pronome pessoal:

(1) ***Caraíbas*** *têm cabeça oca.*

(2) ***O tempo da fome*** *também virá.*

(3) ***A caça e o peixe*** *também terão fugido.*

A simples recolocação das frases no texto (de onde nunca deveriam ter saído) mostra que essas substituições não são possíveis sem que o texto fique mutilado, destruído, completamente prejudicado, como se pode ver nesta simulação, que dever ser comparada com o texto original há pouco transcrito.

A profecia

(Simulação)

Eles *têm cabeça oca. Deviam ter aprendido muitas lições com o povo filho da terra e não souberam enxergar, nem ouvir, nem sentir. E sofrerão por isso.*

(....................).

*Ele também virá. **Ela** estará seca, o chão duro. **Elas** não mais nascerão verdes, alimentando a esperança de quarups ao redor do fogo com muita comida e bebida. **Eles** também terão fugido ou morrido. E **ela** apertará o estômago do caraíba, e **ele** não poderá comer nem sua riqueza, nem sua terra nua e estéril.*

A simples observação das escolhas, no texto original, mostra evidentemente que a eleição de um ou outro tipo de elemento para sujeito tem motivações particulares que precisam ser avaliadas não apenas para que se possa fazer a boa leitura do texto como também para tornar claros os efeitos da escolha, e, por aí, ter subsídios para pautar o bom desempenho, nas possíveis situações de produção textual. Observe-se que os efeitos particulares da escolha de um sintagma nominal para a posição de sujeito são tanto mais evidentes quanto mais se levar em conta que o sintagma nominal não é votado prioritariamente para ser o tópico, e, consequentemente, o sujeito da oração.

A observação de um outro texto, também presente em livro didático, ilustra bem a necessidade de tratar-se a questão como algo mais do que, simplesmente, uma "subclassificação" de sujeito, e, mais especificamente, ilustra a necessidade de tratar-se a questão como de produção de linguagem, de uso linguístico.

Direito de ter direitos

É muito importante entender bem o que é cidadania. Ø É uma palavra usada todos os dias e tem vários sentidos. Mas hoje Ø significa, em essência, o direito de viver decentemente.

***Cidadania** é o direito de ter uma ideia e poder expressá-la. Ø É poder votar em quem quiser sem constrangimento. Ø É processar um médico que cometa um erro. Ø É devolver um produto estragado e receber o dinheiro de volta. Ø É o direito de ser negro sem ser discriminado, de praticar uma religião sem ser perseguido.*

(DIMENSTEIN, G. *O cidadão e o papel* – a infância, a adolescência e os Direitos Humanos no Brasil. 16ª ed. São Paulo: Ática, 1999)

Ora, por uma ou por outra razão, em nenhum dos casos, no lugar do zero (ou seja, do tal de "sujeito oculto"), poderia ocorrer **ela**. Em geral eram possíveis ao autor do texto duas opções, a referência com zero (que foi a opção escolhida) ou com *cidadania*, que é um sintagma nominal sem determinante, por isso mesmo de efeito referencial diferente do que se obtém com o pronome pessoal **ela**.

É, afinal, a evidência de que a gramática da língua se resolve na produção textual, e vice-versa.

Continuando no funcionamento textual dos sintagmas nominais, quero chamar a atenção para outra boa oportunidade de reflexão que não é acionada no tratamento escolar da gramática, aquela que pode ser feita por via da avaliação do uso de determinantes de referenciação pessoal. Invoco, especialmente, os possessivos, que na tradição são simplistamente focalizados pela relação "de posse" que indicariam[14], escamoteando-se toda a força referencial que a relação entre duas pessoas gramaticais (o "possuidor", que é de qualquer uma das três pessoas, e o "possuído", que é sempre de terceira pessoa), operada por essa classe de palavras, imprime ao discurso. Da simplificação – que impede a visão textual da gramática – é exemplo um exercício que encontrei em livro didático para a segunda metade do Ensino Fundamental:

Pronome possessivo é a palavra que indica posse.

Grife os pronomes possessivos:

(1) *Os doentes ficam à espera enquanto o pajé faz o seu trabalho.*

(2) *Sua cura era difícil.*

(3) *Ele tem o seu método próprio.*

(4) *Meu pai era um homem franzino, baixinho e muito severo.*

Numa atividade como essa, o aluno tem de esquecer a lição ofertada na própria cabeça da proposta (o conceito de pronome possessivo como o de palavra que indica posse), para poder resolver o exercício, porque, nas quatro construções apresentadas, não há, a rigor, nenhuma indicação de posse: há sim, uma relação entre uma terceira pessoa, representada pelos substantivos que o possessivo acompanha (*trabalho, cura, método* e *pai*, respectivamente), relação que, nos casos (1) e (2) é sintática (implicada na valência dos nomes *trabalho* e *doenças*) com resultado semântico de Agente e de Paciente Afetado, respectivamente, e, nos casos (3) e (4) (dada a não transitividade dos nomes), é puramente semântica: com *método*, trata-se de uma relação de "utilização", e com *pai*, trata-se de uma "oposição relativa simétrica" (Leech, 1974, p. 110-114).

Além disso, ainda pela proposição de uma resposta gramatical alheada do real enunciado – já que o contexto não foi oferecido – fica sem reflexão o processo textual básico em que um possessivo opera: a referenciação pessoal (no caso, anáfora) que é peça do tecer da teia em que o texto se constitui. Assim, por exemplo, a gramática do possessivo *suas*, em (2), só se completaria com a resolução da anáfora: qual é a outra pessoa envolvida na relação, ou seja, **de quem** é a cura?

E nem precisamos ficar no exame de classes de palavras cuja gramática não se resolve no âmbito da oração para verificar como o tratamento escolar prescinde do uso e da produção de sentido que nele se opera. Reflito, finalmente, sobre outro exercício encontrado em livro escolar do mesmo nível:

Grife a preposição:

(1) *Não confiarei mais em você.*

(2) *Proibição de caça às baleias é prorrogada.*

(3) *Turistas pegavam as aves para comer.*

Ora, nenhum progresso em conhecimento linguístico advirá de tal exercitação. Sem que se veja a preposição como peça de estabelecimento de relações, não se estará contemplando a língua em uso e não se estará desenvolvendo uma compreensão das possibilidades construcionais para determinação de sentido. Em (1) e em (2) o papel das preposições (*em* e *de*, respectivamente) se define no sistema de transitividade, já que *confiar* e *proibição* são, respectivamente, verbo bivalencial e nome bivalencial, ambos com complemento iniciado pela preposição ocorrente. Em (3), por sua vez, há uma relação semântica (de "finalidade") que se obtém na junção da predicação *turistas pegavam as aves* com a predicação *comer*, junção que acrescenta um satélite a essa predicação.

Já observei (Neves, 2002a, p. 213-218) que os dicionários, em geral, esgotam o tratamento de cada preposição em termos de significados isolados, absolutos. Vou retomar apenas duas indicações como exemplo:

1. O *Novo Dicionário Brasileiro Melhoramentos Ilustrado* (1964) dá como "significados" da preposição **por**, entre outros: "permissão" (e o exemplo é: *por mim pode ir*, como se não fosse *pode* que em primeiro lugar indicasse permissão), "desforra" (e o exemplo é: *olho por olho, dente por dente*), "lado" (e o exemplo é: *virou-o pelo avesso*), "amizade", "amor" (e o exemplo é: *louco por sua mulher*), "consideração" (e o exemplo é: *tenho-o por um grande homem*).

2. O próprio Collins Cobuild *English Language Dictionary* (1987), que se diz um dicionário "do uso", para determinar o significado da preposição **for** (na definição de número 4) diz simplesmente *If you work or do a job for someone you are employed by them* (*Se você trabalha ou faz um serviço para uma pessoa, você está empregado por ela*), como se, com isso, estivesse contemplado o funcionamento e o potencial de produção de sentido de **for**. Na definição nº 9 (a única em que entram elementos gramaticais), diz-se simplisticamente: "*for* é a preposição que tem de ser usada depois de alguns nomes, adjetivos e verbos com a finalidade de introduzir mais informação", e oferece-se um exemplo em que *for* introduz adjunto de finalidade, vindo a seguir outros exemplos em que *for* introduz complemento de verbo (por exemplo, *to aim for,* "pretender") ou de nome ou de adjetivo (por exemplo, *responsible for,* "responsável por" e *ready for,* "pronto para"). Isso significa propor que tanto o adjunto adverbial de finalidade como o complemento nominal o que fazem é "introduzir mais informação" (e, na verdade, de qualquer preposição se poderia dizer que introduz mais informação).

O QUE CONCLUIR

O ponto central que se oferece a reflexão, na observação do tratamento da gramática nas escolas, é que esse tratamento se tem feito como se gramática fosse alguma entidade postiça a que só teremos acesso se sairmos dos textos, isto é, se abstrairmos os usos, que é exatamente o que não pode ocorrer. Há lições fundamentais sobre o funcionamento da linguagem que a escola esquece:

a. A cada instância de utilização da língua se ativa a gramática e, portanto, a gramática (como organização da fala) se explicita a partir do uso linguístico.

b. A gramática que o falante aciona para organizar sua linguagem não se esgota em estruturas menores, nem mesmo no período (para usar o termo de nossa Nomenclatura Gramatical Brasileira), o qual é limite, apenas, de uma determinada organização estrutural.

c. É irreal e afuncional qualquer amoldamento absoluto de entidades gramaticais discretamente isoladas e *a priori* resolvidas; a gramática de uma língua em funcionamento não se faz de regras absolutas, com condições autônomas de aplicação.

d. A redução das atividades com gramática a uma exercitação de metalinguagem, com pura catalogação irrefletida e mecânica de entidades, é não só ineficiente, mas, ainda, contraproducente, porque leva a uma descrença final sobre a validade da investigação gramatical.

e. Sob pena de perder toda legitimidade, a disciplina gramatical escolar não pode alhear-se do real funcionamento da linguagem, e limitar-se ao oferecimento de um simples mapa taxonômico de categorias, definidas em planos isolados; fica incluída a legitimação do tratamento da língua-padrão, já que é real a necessidade de os cidadãos adequarem seus enunciados aos diferentes contextos socioculturais de interação.

Assim, são lições a tirar dessas reflexões:

a. Ninguém precisa primeiro estudar as regras de uma disciplina gramatical para depois ser falante competente de sua língua: a ativação natural da gramática da língua é a simples e exata medida da ligação entre esquemas cognitivos e capacidade de enunciação (que envolve capacidade linguística e capacidade social).

b. A gramática como disciplina escolar terá de entender-se como explicitação do uso de uma língua particular historicamente inserida, e, por aí, do próprio funcionamento da linguagem – em todos os seus ângulos, inclusive o social – com base em muita reflexão sobre dados, o que exclui toda atividade de encaixamento em moldes que prescindem das ocorrências naturais e ignoram zonas de imprecisão e/ou de oscilação, verdadeiras testemunhas do equilíbrio instável que caracteriza a própria vida da língua, a sua constante adaptação segundo a força das constantes pressões – tanto internas como externas – que se exercem sobre os usos (Du Bois, 1985).

Afinal, sabemos que, em ciência, uma simplificação a qualquer custo pode significar barateamento, mistificação, falsidade, e não é com a linguagem nossa de cada dia que vamos ter o direito de fazer isso, fingindo que ela está mumificada e que é assim que dela nos servimos. E nem é no espaço da escola, institucionalmente alocado para o desenvolvimento das capacidades do indivíduo, que, justamente no ensino da língua pátria, vamos contentar-nos com recortes facilitadores que, bloqueando o bom uso linguístico, mutilam o eficiente cumprimento de funções que a linguagem de todos e de cada um tem de atingir.

Notas

[1]   Uma primeira versão de parte deste texto está publicada em Neves (2002b).

[2]   O modelo de interação verbal de base funcionalista está explicitado no capítulo a seguir.

[3]   Aliás, como já dizia Aristóteles, sem linguagem não haveria sociedade política (Aristote, 1968, I,2, 1253a).

[4]   Vale lembrar o que diz Travaglia (1995, p. 235): "A gramática é algo mais do que fazem supor atividades de ensino de gramática que, baseadas numa visão estreita e redutora do que ela seja, se eternizam em exercícios que só têm a ver com segmentação de elementos linguísticos (análise morfológica e sintática), levantamento de traços de algumas classes e categorias, classificações e nomenclatura".

[5]   Não vou aqui buscar resolver, de um modo geral, o que se quer significar quando se usa o termo **gramática**. Como foi indicado no capítulo "A natureza da disciplina *gramática* – Visão histórica", **gramática** é, num extremo, o mecanismo geral que organiza as línguas e, noutro extremo, uma disciplina, e para esta oferecem-se, ainda, múltiplas diretrizes.

[6]   Foi a situação que encontrei em pesquisa de campo com 170 professores do Ensino Fundamental (Neves, 1990a), como está apontado na nota 3 do capítulo "Língua falada, língua escrita e ensino". A situação real é a seguinte: 100% dos professores ensinam gramática; a finalidade pretendida é, declaradamente, ensinar a "escrever melhor"; faz-se uma compartimentação entre as lições de gramática, de leitura e de redação; ensina-se, basicamente, a colocar rótulos em palavras e a classificar e subclassificar palavras; no final da avaliação de seu trabalho, os professores não sabem dizer para que serviu o ensino de gramática.

[7]   Lucchesi (1998; 2002, p. 69) remete esses três aspectos, respectivamente, a: 1) "COMPETÊNCIA LINGUÍSTICA"; 2) "CÓDIGO"; 3) "INSTITUIÇÃO SOCIAL".

[8]   Essa questão é explicitada na Parte II deste livro.

⁹ O exame dos exercícios que os professores propunham constituiu a chave para minhas con-
clusões, por exemplo, quando empreendi as investigações que estão no meu livro *Gramática na escola* (1990a). Uma análise da exercitação gramatical proposta em livros didáticos
está também em Neves e Andrade (2001).

¹⁰ Cabe observar que, na verdade, as definições oferecidas nem são as definições de **sujeito** e
de **predicado**, mas são definições de entidades do fluxo de informação: a primeira, da unidade informativa a que podemos chamar **tema**, ou **tópico oracional**, e a segunda, da parte
oracional a que podemos chamar rema, ou **comentário**. Isso já é lição da Escola de Praga,
mas a escola a ignora (Ilari, 1986, p. 53-61; Neves, 1997, p. 16-19).

¹¹ E, pelo treino que sabemos que se faz nas escolas, podemos até temer que nem a essa resposta o aluno chegue, decidindo-se pela resposta "sujeito indeterminado".

¹² Insiro a marca Ø para indicar os pontos em que o autor optou por um "zero" (uma elipse) na
posição de sujeito.

¹³ Ver nota 6 do capítulo "O papel da escola na condução das atividades de produção escrita e
de análise gramatical", na qual se apontam estudos que verificaram que é muitíssimo mais
frequente a ocorrência de objeto direto do que a de sujeito de oração transitiva com sintagma
nominal, exatamente porque a posição de sujeito é, em geral, de informação já conhecida.
Por isso mesmo, é raríssima a ocorrência de SN simultaneamente nas duas posições, a de
sujeito e a de objeto direto. E, de fato, no texto do qual se retiraram as frases do exercício,
os sujeitos representados por sintagma nominal estão, na sua quase totalidade, em orações
com verbos que não são transitivos diretos: *(o tempo da fome) virá, (a terra) estará seca,
(as sementes do milho e a mandioca) nascerão, (a caça e o peixe) terão fugido ou morrido,
(os dias) serão quentes, (o caraíba, o homem branco) chorará.*

¹⁴ Discuto a questão, entre outros, em Neves (1993) e em Neves (2000a, Parte II).

A gramática:
conhecimento e ensino[1]

ESTUDAR GRAMÁTICA? E QUE GRAMÁTICA?

Insisto em que uma das perguntas que um professor de língua pátria se faz constantemente é, com certeza, o que significa, em termos operacionais, **gramática**, e, a partir daí, o que representa, em sala de aula, trabalhar com a gramática.

Não é necessária muita argumentação para que se assegure – também nisso insisto – que ensinar eficientemente a língua – e, portanto, a gramática – é, acima de tudo, propiciar e conduzir a reflexão sobre o funcionamento da linguagem, e de uma maneira, afinal, óbvia: indo pelo uso linguístico, para chegar aos resultados de sentido. Afinal, as pessoas falam – exercem a faculdade da linguagem, usam a língua – para produzir sentidos, e, desse modo, estudar gramática é, exatamente, pôr sob exame o exercício da linguagem, o uso da língua, afinal, a fala.

Isso significa que a escola não pode criar no aluno a falsa e estéril noção de que falar e ler ou escrever não têm nada que ver com gramática.

E volto ao primeiro ponto, o que constitui a chave da questão, que é a noção do que seja gramática, e, então, do que seja a atividade de "estudar" gramática.

Tenho repetido que, sempre que explico a alguém – especialmente a um leigo – que o interesse central de minhas investigações em Linguística é a **gramática,** tenho de fazer um parêntese e explicar o que é isso, porque até aí se terá entendido que me dedico à inútil tarefa de grifar substantivos e adjetivos, sujeitos e predicados, isto é, que eu fico fazendo aquilo que o tempo todo se faz nas salas de aula do ensino Médio e Fundamental. Isso, se não se acrescentar ao conceito a agora charmosa ideia – que a televisão está vendendo – de que estudar e ensinar gramática é estudar e ensinar como se fala corretamente, para fazer bonito por aí.

Não vou entrar aqui nessa questão da norma, a não ser para repetir que a escola tem a obrigação, sim, de manter o cuidado com a adequação social do produto linguístico de seus alunos, isto é, ela tem de garantir que seus alunos entendam que têm de adequar registros, e ela tem de garantir que eles tenham condições de mover-se nos diferentes padrões de tensão ou de frouxidão, em conformidade com as situações de produção. Isso é obrigação da escola, que a escola antiga valorizou tanto – no que respeita à norma-padrão –, a ponto de por isso ela ser estigmatizada, e que, em nome da própria Linguística, a escola de hoje negligencia.

Desse modo, não é da gramática normativa que vou falar, embora não negue o papel da escola como regulador social e como fonte obrigatória de meios e recursos para ascensão social de seus alunos. Na verdade, a questão do registro, central no estudo da norma linguística, é central também para falar-se de reflexão sobre a linguagem e sobre o uso linguístico, que é o que está no centro de exame neste estudo. E se se fala em registro, contempla-se não apenas a "fala culta", mas também a "fala distensa". Porque, se se usa a língua para obter resultados de sentido, é óbvio que só haverá sentido – só haverá exercício pleno da linguagem – se as escolhas e os arranjos estiverem adaptados às condições de produção, aí incluídos os participantes do ato linguístico.

E aqui entram duas questões básicas:

1. A compreensão daquilo que no funcionalismo (Dik, 1989; 1997) se chama "modelo de interação verbal", ou seja, o esquema efetivo e pleno da interação no evento e fala.

2. A compreensão do jogo entre as determinações do sistema e as possibilidades de escolha dentro desse evento (Neves, 2002a, p. 80).

Vamos esquematizar esse modelo de interação linguística:

a. Do lado do falante:

a1. quem fala tem a intenção de obter alguma modificação no conhecimento, no pensamento, no comportamento (etc.) de seu interlocutor;

a2. mas quem fala tem alguma noção (pouca ou muita, quanto mais, melhor) de qual seja o conhecimento, o pensamento, o comportamento (etc.) de seu interlocutor;

a3. sobre essas duas bases ele faz suas escolhas – dentro daquilo que o sistema permite, por exemplo, em português, sem nunca pôr um artigo depois do substantivo – do modo que ele considera que seja o que vai obter de seu interlocutor tal ou tal interpretação (que seja aquela interpretação que melhor cumprirá aquilo que era a sua intenção).

b. Do lado do ouvinte:

b1. há uma expressão linguística (um produto enunciado) que deve ser interpretado, mas essa interpretação tem a expressão linguística apenas como pista, como mediação, porque uma interpretação sempre procura recuperar uma intenção: no fundo, cada pessoa que recebe uma expressão linguística (uma mensagem) sabe que quem a produziu queria alguma coisa com a expressão;

b2. para a interpretação de uma expressão linguística, pesa, pois, o que o receptor saiba dos pensamentos, dos conhecimentos, do comportamento (etc.) de quem a produziu, bem como o que o receptor, a partir daí, considere que tenha sido a intenção do falante ao produzir aquele enunciado.

Esse é um recorte artificial: como se eu tivesse paralisado um momento da interação verbal efetiva, tivesse congelado a imagem no momento da produção e recepção de uma expressão linguística. Obviamente esse *flash* tem de ser multiplicado e complicado, com falante e ouvinte mudando constantemente (e até remontadamente) de papel, como bem nos lembram as superposições da fala.

Quanto mais a interpretação esteja próxima da intenção, mais bem-sucedida terá sido a comunicação, incluindo-se aí até a possibilidade de que a intenção tenha sido uma interpretação dúbia, isto é, até de que a ambiguidade tenha sido pretendida. Afinal, dentro dessa moldura pragmática que governa a interação, o que se faz é produzir sentido, tanto quem emite a expressão linguística quanto quem a recebe. É isso, pois, o que fazemos com a nossa gramática:

a. submetemo-nos a um núcleo duro que governa a parte "computacional" dos arranjos;

b. manejamos um conjunto de opções, com as quais ajustamos nossas produções para, compondo sentido, obtermos sucesso na interação, conseguirmos, realmente, interagir.

E, a partir daí, a pergunta é: por que, na escola, não refletirmos com os alunos sobre o que, realmente, representa "falar e escrever melhor", exatamente o objetivo do ensino de língua portuguesa declarado pelos professores (Neves, 1990a)[2]?

Falar e escrever bem é, acima de tudo, ser bem-sucedido na interação. E isso ocorre de maneiras diferentes, como diferentes são as situações de comunicação e as funções privilegiadamente ativadas: é levar alguém a agir, se era isso o que o falante pretendia (e agir do modo como ele pretendia), é fazer alguém acreditar, se isso era o necessário no momento (e, como o que está em questão não é a ética, podemos até dizer, sofisticamente (Neves, 1987, p. 35-44): acreditar "entendendo", se isso convinha, ou até acreditar "não entendendo", se era o que convinha), e assim por diante; ou é, afinal, por exemplo, obter apenas fruição do interlocutor, se a predominância da "função poética" era pretendida.

Obviamente – como já apontei no início – todas as situações de interação linguística estão em questão: formais e informais; com língua falada e com língua escrita; de relação simétrica e de relação assimétrica. São todas questões que têm de ser contempladas nas reflexões, porque os resultados de sentido estão em função dessas condições.

UMA AMOSTRA DA LIMITAÇÃO A QUE SE SUBMETEU UMA DETERMINADA TRADIÇÃO DE ENSINO DE GRAMÁTICA

Para ilustrar a discussão com temas concretos de análise, escolhi dar uma amostra da limitação a que se têm submetido certos temas, a partir de uma escola que se fechou numa determinada tradição de ensino de gramática, e, também, que se fixou em determinados registros. Vamos falar preferentemente dos processos de constituição do enunciado, e, dentro deles, da referenciação. Como o que pretendo é contemplar especialmente o modo pelo qual a escola vem tratando temas como esses, vou estribar minhas reflexões em material encontrado em livros didáticos em uso nas escolas de Ensino Fundamental. Contemplo particularmente a utilização que vem sendo feita de tiras e quadrinhos humorísticos como suporte para transmissão de lições nas aulas de Língua Portuguesa, e especialmente porque esse tipo de material aparentemente caracterizaria modernidade de proposta, e, então, tínhamos o direito de esperar que incorporasse a modernidade das reflexões da Linguística.

Antes de tratar os temas que constituem declaradamente "lições de gramática" nesses livros, vou voltar à questão – que levantei no início destas reflexões – da natureza da interação verbal, apontando a importância de que a escola leve o aluno à compreensão da natureza do estabelecimento do circuito de comunicação, até para que ele aprenda a refletir sobre a própria atividade de compor enunciados, e, assim, se aproprie das "regras" da gramática de sua língua.

Também farei isso inspirada no material gráfico "moderno" e sugestivo – as tiras e as histórias em quadrinhos – que os livros oferecem, especialmente para mostrar que, representativas de atividades de interlocução, e em geral muito inteligentes, essas peças poderiam ser a porta de entrada para riquíssimas reflexões sobre a atividade de linguagem e para introdução do aluno na observação dos processos de constituição do enunciado, e, no entanto, na maior parte das vezes, aparecem nos livros como curiosidade, ou apenas para garantir ao livro um atestado de engajamento com o mundo em que os alunos vivem. Chamo a atenção, também, para o mau aproveitamento dos bons textos que os livros de hoje – verdade seja dita – muitas vezes abrigam.

A falta de inserção das análises no modelo de interação verbal

Nas reflexões sobre o estabelecimento do circuito de comunicação, duas são as situações problemáticas mais gerais:

- o interlocutor não reconhecer a intenção;

- haver desconhecimento da informação pragmática do interlocutor.

Veja-se, primeiramente, como o texto que segue poderia servir para ilustrar com grande felicidade uma situação desse tipo:

De manhã o pai batia na porta do quarto do filho:

– Acorda, meu filho. Acorda, que está na hora de você ir para o colégio.

Lá de dentro, estremunhado, o filho respondeu:

– Pai, eu hoje não vou ao colégio. E não vou por três razões: primeiro, porque eu estou morto de sono; segundo, porque eu detesto aquele colégio; terceiro, porque eu não aguento mais aqueles meninos.

E o pai respondeu lá de fora:

– Você tem que ir. E tem que ir, exatamente, por três razões; primeiro, porque você tem um dever a cumprir; segundo, porque você já tem 45 anos; terceiro, porque você é diretor do colégio.

(*Anedotinhas do Pasquim*. Rio de Janeiro: Codecri, 1981)

Trata-se de uma situação de interação em que os interlocutores tinham todo o conhecimento necessário para o sucesso da troca linguística, sucesso, afinal, obtido. Mas o leitor – que é, também, um interlocutor, apenas noutro plano de interação – não tem a informação referente a um dos interlocutores, e fica, até certo ponto do andamento da interação linguística, incapacitado de acompanhá-la dentro do seu real enquadre interlocutivo, vindo daí, exatamente, o efeito de humor.

Ainda para refletir sobre a possibilidade de um trabalho, junto aos alunos, de compreensão de situações problemáticas na interação, selecionei várias tiras e alguns outros quadrinhos existentes em livros didáticos adotados na rede pública, material esse que, em geral, é usado para que, nas suas poucas palavras, os alunos encontrem substantivos, pronomes, preposições etc. e que poderia ser aproveitado para entender-se, por exemplo, a variada possibilidade de falhas que impedem o bom êxito da interação.

Vejamos uma tira em que está ilustrado um caso extremo de falta de sintonia entre os dois interlocutores:

O que se vê é que o primeiro falante não consegue que o segundo entre no circuito que ele tenta estabelecer: o segundo enunciado configura que não houve recuperação do primeiro, e, assim, que não está havendo, realmente, interlocução. Os enunciados dos dois interlocutores ficam isolados entre si: cada um desses enunciados é só de quem o produziu, e acaba a conversa, isto é, a interação não se estabelece.

Outro bom exemplo dessa incompatibilidade está na história em quadrinhos transcrita a seguir, que tem a metade de seus quadrinhos com silêncio dos interlocutores, porque a intenção do primeiro falante é frustrada, e isso exatamente porque sua mensagem não se afina com a natureza da "cabeça" do interlocutor. O resultado é o silêncio, que, somado ao pedido de repetição da mensagem, é a própria marca da frustração:

Na tira seguinte, observa-se bem a necessidade, por parte do ouvinte, de conhecimento do mesmo nível que o do falante, para que possa recuperar com sucesso a mensagem recebida. O segundo interlocutor não tem, aí, esse conhecimento, e a intenção não é recuperada.

Note-se que, desta vez, é conhecimento de natureza linguística que falta: o pai da moça não está de posse do jargão de um determinado gênero de música e não sabe o que significa *metaleiro*; o conhecimento que ele tem e aciona – que **-eiro** é sufixo que indica profissão – não é o que deveria ser acionado, considerada a intenção do falante. É do mesmo tipo – e, portanto, tem o mesmo efeito de humor – a tira seguinte:

Essa falta de conhecimento do ouvinte, que seja do mesmo nível que o do falante, pode ser corrigida por este, que se antecipa e supre a necessidade, como se vê nesta outra tira:

Até que o falante diga *Ele vive ali*, voltando-se para a realidade exterior, para mostrar um imponente castelo, o enunciado anterior não faz sentido, e, portanto, a intenção não é recuperada.

Na tira seguinte, é o ouvinte que encontra, na realidade que o cerca, pistas de que não está recuperando adequadamente a interpretação pretendida pelo falante, ou de que há algo falso na fala deste; afinal, pistas de que as duas pontas da interação não estão afinadas, e que há um reajuste a ser feito.

O ouvinte pode, também, sentindo a impossibilidade de recuperar a intenção do falante, solicitar complementação do enunciado para que seja possível a reconstrução da mensagem, e haja, realmente, interação. É o que se vê nesta tira:

O esforço para que a mensagem seja adequada ao destinatário, e, portanto, à situação de comunicação, não é apenas daquele que deve interpretá-la, mas, obviamente, é do próprio emissor. Na tira a seguir, por exemplo, o próprio falante reanalisa seu enunciado a partir da reação provocada no interlocutor, e reconhece a inadequação da mensagem, exatamente por impropriedade na avaliação desse interlocutor. Afinal, esse reconhecimento acaba tornando a interlocução bem-sucedida.

Se nem o falante corrige a falta de ajuste no conhecimento dos interlocutores nem o ouvinte encontra pistas que corrijam as distorções, ele pode dar-se por satisfeito, mesmo saindo da conversa com uma interpretação absolutamente oposta à pretendida pelo falante, como ocorre com o Recruta Zero na tira transcrita a seguir. Trata-se de um exemplo cabal de insucesso da interação, por isso mesmo fonte muito feliz de efeito humorístico.

Após uma recuperação errônea, se a conversa continua, ela toma obviamente um rumo que não era o desejado pelo falante, como se observa nas próximas duas tiras.

Essa última oferece oportunidade feliz para uma reflexão sobre o papel da metáfora na conversação de todos os dias, e não apenas como "figura de linguagem". A interação, aí, não é bem-sucedida, e exatamente porque o ouvinte não faz a transferência metafórica que constitui a chave da interpretação. Com efeito – e isso pode muito bem ser trabalhado com os alunos – a metáfora está no próprio fazer da linguagem, ela é continuamente chave de interpretação dos enunciados, porque, na verdade, falamos por metáforas. Afinal, *metáfora* não é simplesmente um item de lição de estilística.

O papel dos processos cognitivos no sucesso de uma interlocução também é questão importante para reflexão em sala de aula. Por exemplo, na tira que se mostra a seguir, foi um erro na inferência do ouvinte que levou ao insucesso na recuperação plena da mensagem.

Outro aspecto determinantemente envolvido no completamento bem-sucedido da interação verbal diz respeito, obviamente, aos próprios interlocutores, que devem reconhecer-se mutuamente durante todo o processo de interação, sob risco de comprometer a interpretação. O conhecimento desse processo é fundamental como reflexão sobre o funcionamento da linguagem, em atividades de ensino de uma língua. Veja-se, por exemplo, como a tira abaixo pode oferecer ensejo para essa reflexão. Trata-se de uma situação em que o ouvinte não recupera a intenção comunicativa do falante exatamente porque não se reconhece a si mesmo como destinatário do enunciado:

Na história em quadrinhos a seguir, por outro lado, o conhecimento que o ouvinte, baseado nas ações do falante, vai tendo dele, enquanto a interlocução se desenvolve, não é compatível com a recuperação de conteúdos baseada nas expressões linguísticas em si. Mal-avaliado o próprio interlocutor, a expressão linguística emitida, destoante daquilo que o falante mostra ser, perde-se, e fica prejudicada a comunicação. O resultado é que o ouvinte se ausenta completamente da conversa, e volta às suas atividades (no caso, volta a ler seu livro), desistindo da interação.

Afinal, só há interlocução, mesmo, quando os ouvintes se sentem participantes do mesmo universo de conhecimento, de sentimentos e de atitudes que possam conviver num mesmo palco de discussão. Na história que abaixo se apresenta, temos a sucessão de três falas iniciais altamente apelativas, que aparentemente teriam grande efeito sobre os ouvintes, mas que se perdem sem resposta porque falta essa compatibilidade. O engajamento dos interlocutores só ocorre na quarta fala, em si menos impactante, mas que naquele mundo – trata-se de uma conversa de crianças – é altamente envolvente:

E, por último, não poderia faltar aqui um exemplo de sucesso na interação, verificando-se que isso ocorre, no caso, porque todos os requisitos são preenchidos. Na tira colocada a seguir temos um ouvinte que está de posse de conhecimento suficiente do falante que a ele se dirige, e, assim, é capaz de recuperar adequadamente até um enunciado mentiroso, reconhecendo, mesmo, a sua falsidade:

A falta de consideração dos processos de constituição do enunciado. Um exemplo: a referenciação

A segunda ilustração que quero fazer refere-se ao ensino propriamente gramatical, e o tema escolhido é a referenciação, um dos principais processos de constituição do enunciado. Na verdade, ao estudar-se o funcionamento da linguagem, o que está em questão são prioritariamente os processos, e é a compreensão deles que governa a compreensão dos arranjos dos itens que os expressam adequadamente. Entretanto, como se tentará mostrar, o tratamento da gramática na escola só fica na exterioridade das entidades.

A reflexão que aqui se faz centra-se no modo de tratamento da questão nos livros didáticos, verificando especialmente o tratamento do papel dos pronomes, entidades fóricas que atuam na composição da cadeia referencial do texto.

Transcreve-se a seguir um belo texto de Lourenço Diaféria, presente em um dos livros didáticos de 6ª série adotados no Estado de São Paulo:

Já não se fazem PAIS como antigamente

A grande caixa foi descarregada do caminhão com cuidado. De um lado estava escrito assim: "Frágil". Do outro lado estava escrito: "Este lado para cima". Parecia embalagem de geladeira, e o garoto pensou que fosse mesmo uma geladeira. Foi colocada na sala, onde permaneceu o dia inteiro.

À *noitinha a mãe chegou, viu a caixa, mostrou-se satisfeita, dando a impressão de que já esperava a entrega do volume. O menino quis saber o que era, se podia abrir. A mãe pediu paciência, no dia seguinte viriam os técnicos para instalar o aparelho. O equipamento, corrigiu ela, meio sem graça.*

Era um equipamento. Não fosse tão largo e alto, podia-se imaginar um conjunto de som, talvez um sintetizador. A curiosidade aumentava. À noite o menino sonhou com a caixa fechada.

Os técnicos chegaram cedo, de macacão. Eram dois. Desparafusaram as madeiras, juntaram as peças brilhantes umas às outras, em meia hora instalaram o boneco, que não era maior do que um homem de mediana estatura. O filho espiava pela fresta da porta, tenso.

A mãe o chamou:

– Filhinho, vem ver o papai que a mamãe trouxe.

O filho entrou na sala, acanhado diante do artefato estranho: era um boneco, perfeitamente igual a um homem adulto. Tinha cabelos encaracolados, encanecidos nas têmporas, usava Trim, desodorante, fazia a barba com gilete ou aparelho elétrico, sorria, fumava cigarros king-size, bebia uísque, roncava, assobiava, tossia, piscava os olhos – às vezes um de cada vez –, assoava o nariz, abotoava o paletó, jogava tênis, dirigia carro, lavava pratos, limpava a casa, tirava o pó dos móveis, fazia strogonoff, acendia a churrasqueira, lavava o quintal, estendia a roupa, passava a ferro, engomava camisas, e dentro do peito tinha um disco que repetia: "Já fez a lição? Como vai, meu bem? Ah, estou tão cansado! Puxa, hoje tive um trabalhão dos diabos! Acho que vou ficar até mais tarde no escritório. Você precisava ver o bode que deu hoje lá na firma! Serviço de dono de casa nunca é reconhecido! Meu bem, hoje não!"

O menino estava boquiaberto. Fazia tempo que sentia falta do pai, o qual havia dado o pé. Nunca se queixara, porém percebia que a mãe também necessitava de um companheiro. E ali estava agora o boneco, com botões, painéis embutidos, registros, totalmente transistorizado. O menino entendia agora por que a mãe trabalhara o tempo todo, muitas vezes chegando bem tarde. Juntava economias, sabe lá com que sacrifícios, para comprar aquele paizão.

– Ele conta histórias, mãe?

Os técnicos olharam o garoto com indiferença.

– Esse é o modelo ZYR-14, mais indicado para atividades domésticas. Não conta histórias. Mas assiste a televisão. E pode ser acoplado a um

dispositivo opcional, que permite longas caminhadas a campos de futebol. Sabendo manejá-lo, sem forçar, tem garantia para suportar crianças até seis anos. Porém não conta histórias, e não convém insistir, pode desgastar o circuito do monitor.

O garoto se decepcionou um pouco, sem demonstrar isso à mãe, que parecia encantada.

Ligado à tomada elétrica (funcionava também com bateria), o equipamento paterno já havia colocado os chinelos e, sem dizer uma palavra, foi até à mesa e apanhou o jornal.

A mãe puxou o filho pelo braço:

– Agora vem, filhinho. Vamos lá para dentro, deixa teu pai descansar.

Em um determinado ponto da lição, o livro didático apresenta exercícios de "gramática" sobre pronomes, e um deles, que passo a comentar, ilustra muito bem o desperdício em que se constitui o tempo gasto com a sua resolução:

Substitua os termos destacados por pronomes:

a. **Os técnicos** *chegaram cedo, de macacão.*

b. **O filho** *espiava pela fresta da porta.*

c. **A mãe** *também necessitava de um companheiro.*

d. **Os técnicos e a mãe** *olhavam admirados para o boneco.*

e. **Maria e suas amigas** *também queriam um ZYR-14.*

Comentemos os três primeiros itens desse exercício proposto:

a. **Os técnicos** *chegaram cedo, de macacão.*

No texto, o pronome *eles* não caberia – como pretende a lição – no lugar de *os técnicos*. Em termos informativos, aí, nesse ponto do texto, é crucial a menção a tais personagens. É justamente esse sintagma, *os técnicos*, que acaba por compor em definitivo a ideia de que a caixa que chegou contém um equipamento que deve ser montado, e que as pessoas que o montarão *chegaram cedo de macacão*.

b. **O filho** *espiava pela fresta da porta.*

Se, no texto, o pronome *ele* fosse colocado no lugar de *o filho* – como quer o exercício – esse pronome não faria a referência devida: a referência seria ao boneco, e não ao filho. Observe-se a sequência:

Os técnicos chegaram cedo, de macacão. Eram dois. Desparafusaram as madeiras, juntaram as peças brilhantes umas às outras, em meia hora instalaram *o boneco, que não era maior do que um homem de mediana estatura. **O filho** espiava pela fresta da porta, tenso.*

c. **A mãe** *também necessitava de um companheiro.*

Ora, essa frase está no trecho:

O menino estava boquiaberto. Fazia tempo que sentia falta do pai, o qual havia dado no pé. Nunca se queixara, porém percebia que a mãe também necessitava de um companheiro.

Em primeiro lugar, trata-se de uma oração que, no texto, é completiva (objetiva direta), mas que foi "arrancada" do texto como independente, e, desse modo, não é vista "funcionando". Vê-se, ainda, que, no texto, a oração principal (*percebia*) dessa completiva é de terceira pessoa, com sujeito do tipo tradicionalmente chamado de "oculto" (= *o menino*), sendo, ao mesmo tempo, a quarta oração de uma série com o mesmo sujeito, o qual, na primeira vez, vem expresso, e, subsequentemente, vem três vezes "oculto":

o menino estava boquiaberto,

Ø sentia falta do pai,

Ø nunca se queixara,

porém Ø percebia [que.....].

Fica sem nenhuma consideração aquilo que, na verdade, seria uma grande lição sobre a referenciação textual com pronomes (caso de anáfora expandida, um dos grandes recursos de coesão textual): o fato de *a mãe* entrar, aí, como a *mãe dele* (do *menino* de que se falava e que vinha como sujeito das orações precedentes, inclusive da oração principal dessa completiva). E perde-se também a oportunidade de tratar o valor funcional da elipse do sujeito (do tal de "sujeito oculto")![3]

Os outros exercícios – d. e e. – não merecem comentário, porque utilizam frases "inventadas".

O que se observa, afinal, é um tratamento distorcido, que vê o enunciado como uma peça que, escrita num papel, registrada em letras, tivesse ficado à disposição dos estudantes para irem mexendo nela, fazendo substituições, trocas, remendos. Não há nenhum empenho em despertar o interesse dos alunos para a atividade de produção de sentido, já que das trocas podem resultar efeitos completamente diferentes dos pretendidos no texto; por exemplo, é óbvio que o resultado de sentido – e o efeito – que o autor do texto obteve com *os técnicos* com certeza não é exatamente o mesmo que se obteria com o pronome *eles* no mesmo ponto de ocorrência.

E, então, poderíamos nos perguntar por que não se aproveitaram tantas oportunidades de mostrar, nesse texto tão bem construído, o modo como os usos eleitos pelo autor lhe permitiram chegar a determinados efeitos. Perdeu-se, por exemplo, a oportunidade de fazer reflexões proveitosas sobre o exercício da linguagem, do tipo das que se indicam a seguir:

1. Refletir sobre a frase em discurso direto

   – *Ele conta histórias, mãe?*

para mostrar a referência a um objeto presente na situação, feita pelo pronome de terceira pessoa do discurso, que não tem precipuamente essa função de introduzir referentes no discurso, sendo, no mais das vezes, referenciador no nível textual.

2. Refletir sobre as diversas sequências com enunciados do chamado "sujeito oculto", para mostrar o papel não apenas do pronome pessoal, mas também de sua elipse na recuperação de referentes instituídos no texto. Já foi comentado o trecho:

   O menino estava boquiaberto. Fazia tempo que Ø sentia falta do pai Ø, o qual havia dado no pé.

No parágrafo anterior, por seu lado, estava a seguinte sequência, com uma série de orações num mesmo período, nas quais a referência ao elemento sujeito se fez por elipse:

O filho entrou na sala, acanhado diante do artefato estranho: era um bone-co, perfeitamente igual a um homem adulto. Ø Tinha cabelos encaracola-dos, encanecidos nas têmporas, Ø usava Trim, desodorante, Ø fazia a barba com gilete ou aparelho elétrico, Ø sorria, Ø fumava cigarros king-size, Ø bebia uísque, Ø roncava, Ø assobiava, Ø tossia, Ø piscava os olhos – às vezes um de cada vez –, Ø assoava o nariz, Ø abotoava o paletó, Ø jogava tênis, Ø dirigia carro, Ø lavava pratos, Ø limpava a casa, Ø tirava pó dos móveis, Ø fazia strogonoff, Ø acendia a churrasqueira, Ø lavava quintal, Ø estendia a roupa, Ø passava a ferro, Ø engomava camisas, e dentro do peito Ø tinha um disco que repetia: (...)

E mais adiante ocorre, ainda, outra sequência do mesmo tipo, esta com enunciados independentes:

Esse é o modelo ZYR-14, mais indicado para atividades domésticas. Ø Não conta histórias. Mas Ø assiste televisão. E Ø pode ser acoplado a um dis-positivo opcional, que permite longas caminhadas a campos de futebol. Sabendo manejá-lo, sem forçar, Ø tem garantia para suportar crianças até seis anos. Porém Ø não conta histórias, e não convém insistir, pode desgas-tar o circuito do motor.

No exercício de reflexão sobre esses enunciados, o importante é fazer en-tender que a elipse do sujeito, tanto quanto a presença de um pronome que aí se explicitasse, recupera um referente, mas que as duas estratégias têm suas diferenças. Ou seja, fazer entender que a elipse tem a função de referenciação – por exemplo, a mesma de um pronome pessoal – e que o fato de essa posição sintática ser, ou não, a de sujeito é questão de outra ordem. Da maneira pela qual os livros didáticos conduzem a questão, parece que só o sujeito pode ser "oculto", "indeterminado" etc.

A propósito do uso de pronomes, faço aqui um parêntese na observação do tratamento dos itens referenciais, para explicitar um pouco mais o tratamento da questão da indeterminação do sujeito nas salas de aula. Ora, o que se tem ensinado tradicionalmente é que o sujeito se indetermina com a terceira pessoa do plural ou com o pronome *se* junto de verbo (não transitivo) na terceira pessoa do singular. No entanto, sabemos que isso não diz tudo.

O livro didático traz, por exemplo, uma tira como

Essa é a lição modelar que os livros escolares dão sobre indeterminação do sujeito, e vai sempre reduzir-se a isso. Mas a tarefa que temos pela frente é diferente: se queremos que nossos alunos se apossem dos recursos de organização dos enunciados da língua, isto é, se queremos contribuir para que eles "falem e escrevam melhor", temos de passar por todas as estruturas possíveis da língua, mesmo as que são privilegiadamente usadas na linguagem falada. Por exemplo, na conversação, há maneiras muito expressivas de indeterminar o sujeito que são absolutamente ignoradas nas lições de escola. São exemplos da língua falada, mais especificamente, da língua urbana culta – NURC (Neves, 1994a):

*antigamente **você** ia ao Cine Ipiranga, eram umas poltronas ótimas* (DID-SP-234, p. 578-579)

*por exemplo, **eu** posso saber todos os sinais de trânsito de cor, tá, **eu** memorizei o meu processo (...), mas é preciso que **eu** aplique, que **eu** utilize os sinais de trânsito na hora certa* (EF-POA-278, p. 283-287)

Construções como essas, presentes no nosso dia a dia, estão comumente ausentes das lições de língua portuguesa da escola, como se os professores tivessem a obrigação de colocá-las no índex, esquecer que elas existem, só porque ocorrem principalmente na língua falada.

E, o que é mais grave, elas não são equivalentes àquelas de terceira pessoa do plural que os livros didáticos abrigam: não são usadas nos mesmos contextos, criam outro efeito, fazem, afinal, outra "indeterminação", e constituem, pois, recursos particulares para obtenção de sentido. Observe-se que, nesses dois últimos enunciados, não é possível trocar o *eu* ou o *você* pela terceira pessoa do plural:

(?) *antigamente **iam** ao Cine Ipiranga, eram umas poltronas ótimas*

(?) *por exemplo, **podem saber** todos os sinais de trânsito de cor, tá, **memorizaram** o seu processo (...), mas é preciso que **apliquem**, que **utilizem** os sinais de trânsito na hora certa*

E, aliás, os enunciados reais – com o emprego de *eu* e de *tu* na indeterminação do sujeito – obtêm uma indeterminação muito maior do que enunciados como os da última tira (*Morderam a isca.*), porque a terceira pessoa do plural sempre se refere apenas a terceiras pessoas (se sem sujeito expresso, singular ou plural), eliminando a primeira e a segunda, enquanto o *você* e o *eu*, embora sejam pronomes de segunda e de primeira pessoa do discurso, respectivamente, não excluem nenhuma das três pessoas. Nesse ponto, a indeterminação com esses dois pronomes tem a mesma ampla abrangência da indeterminação com o pronome *se*, da qual, porém, se distingue pela diferença de registro e pelo maior engajamento das pessoas envolvidas no ato de comunicação, o que significa que, de certo modo, a indeterminação é mais viva, mais carregada de subjetividade.

3. Refletir sobre os enunciados

*Agora vem, filhinho. Vamos lá para dentro, deixa **teu** pai descansar.*

para mostrar que o pronome possessivo é um recuperador da informação (fórico), e, no caso, recuperador na situação, porque se trata da segunda pessoa do discurso.

Sobre o valor do possessivo, vamos refletir mais um pouco. Veja-se a outra história em quadrinhos que vem na lição.

No comentário que, logo abaixo dos quadrinhos, vem falar de possessivos, apenas se reforça a falsa noção de que o possessivo é sempre, e apenas, indicador de posse, esquecendo-se que ele é um relacionador – para várias indicações – de duas pessoas do discurso: uma terceira pessoa e uma outra qualquer. Perde-se a oportunidade de refletir sobre o papel fórico e a natureza pessoal – mais rigorosamente, bipessoal – do pronome possessivo (Neves, 1993), questões que ficam completamente desconsideradas[4]. Imaginemos uma situação em que alguém expõe um texto em uma aula: se essa pessoa disser *nossa aula*, ou *nesta nossa sala*, estará dizendo que os presentes possuem uma aula, ou uma sala? Isso é, afinal, a escola abdicando da reflexão e continuando a repetir chavões.

Sobre os demonstrativos também se pode refletir, avaliando o que a escola faz e o que poderia fazer, para conduzir os alunos na compreensão da rede referencial de que se compõem os textos, construída em grande parte com o uso de demonstrativos.

Esta é uma tira que um livro didático utiliza dentro da sua lição sobre pronomes demonstrativos:

Abaixo da tira se apresenta o exercício:

"Analise os pronomes que aparecem na frase da tabuleta grande, no último quadro, e classifique-os em pronome substantivo e pronome adjetivo."

Vê-se, em primeiro lugar, que o que se põe em exame é a frase solta, sem nenhuma atenção ao real funcionamento dos itens, desconsiderando-se completamente a semântica textual, e vê-se, além disso, que o exercício constitui uma simples rotulação de entidades.

Também de um livro didático, e também da lição sobre pronomes demonstrativos, é a tira:

Apresentada essa tira, propõe-se, no livro, o seguinte exercício:

"Aponte e classifique os pronomes presentes no quadrinho.",

o que, mais uma vez, implica, simplesmente, exercitar rotulação e subclassificação de entidades, sem vistas para suas funções no texto em que ocorre. Há completa ausência de atenção para a observação de "efeitos especiais" de sentido que se podem obter, por exemplo, com o uso do *aquilo* (Neves, 2000a, Parte II).

O tratamento de outro elemento eminentemente referenciador, o pronome pessoal, segue o mesmo roteiro. Esta é uma tira registrada em um livro de 7ª série:

Os exercícios que se pedem são:

a. Classifique os pronomes do texto.

b. Classifique os dois **os**.

*Limpe **os** pés.*

*Limpe-**os**.*

Novamente, a atenção só vai para a rotulação, identificação, subclassificação, e com a frase arrancada do texto, como se o texto fosse peça morta, simples registro gráfico extenso do qual se pode tirar um ou outro pedacinho, para praticar o esporte de dar nome a certas palavras que nele ocorrem.

Outro problema ilustrado, no caso da exploração dessa tira, é a compartimentação das noções, como se o texto não se construísse com todas as classes de palavras – e todas com função no fazer do texto – de tal modo que, dentro da lição sobre pronomes pessoais, só essa entidade pudesse ser observada. Veja-se que, no caso particular dessa tira, perde-se a oportunidade de mostrar a referência a um objeto presente na situação, feita especialmente pelo pronome demonstrativo *este*.

Embora não se trate de referenciação, aproveito a oportunidade para observar o tratamento descuidado que, particularmente, os pronomes indefinidos têm merecido. Veja-se uma tira utilizada pelo mesmo livro na lição sobre esses pronomes:

Os exercícios pedidos a seguir são:

"Aponte e classifique todos os pronomes presentes nos quadrinhos."

Não preciso dizer que novamente se trata de simples nomenclatura, mas devo dizer que se perde a oportunidade de mostrar, entre outras coisas, o mecanismo de representação da quantificação: por exemplo, nesse caso, haveria a oportunidade de mostrar que foi o jogo entre a quantificação universal e a quantificação parcial que propiciou a manifestação comparativa, pois dentro de um conjunto total (*todos*), alguns são comparados (*piores*) com os outros (com os restantes). E por aí se chegaria a uma relação fundamental na constituição dos enunciados. Mas o mecanismo da comparação nunca é trabalhado nas escolas, a não ser para montar-se aquele velho quadro que registra a forma velha e cansada de expressão do "grau dos adjetivos"[5].

O QUE CONCLUIR

Com essa última observação, que, afinal, toca o modo usual de tratamento da gramática nas aulas da disciplina Português, concluo estas reflexões, dizendo o que me parece uma série de obviedades, mas que, pelo que vem ocorrendo, merece observação:

- que estudar gramática é refletir sobre o uso linguístico, sobre o exercício da linguagem;

- que o lugar de observação desse uso são os produtos que temos disponíveis – falados e escritos – mas é, também, a própria atividade linguística de que participamos, isto é, a produção e a recepção, afinal, a interação;

- que, afinal, a gramática rege a produção de sentido.

Notas

[1] Uma primeira versão deste texto está publicada em Neves (2000b).

[2] Ver nota 3 do capítulo "Língua falada, língua escrita e ensino" e nota 6 do capítulo "Uma gramática escolar fincada no uso linguístico".

[3] O tema também é tratado no capítulo "Uma gramática escolar fincada no uso linguístico".

[4] Ver exercício comentado no capítulo "Uma gramática escolar fincada no uso linguístico".

[5] Um tratamento do mecanismo da comparação está no capítulo "A fixação da norma-padrão: a fonte e os limites".

Para uma gramática escolar. Linguística, uso linguístico e gramática na escola[1]

A DIFICULDADE DA PROPOSTA

Talvez o passo mais difícil e arriscado na proposta de uma gramática escolar que parta do uso linguístico seja o que tem de ser dado da "dinâmica linguística" para a "descrição gramatical" (tomando emprestadas as expressões de Clairis, 1999, p. 35). Diz Clairis que o primeiro cuidado, dentro de um plano que pretenda levar em conta a "dinâmica linguística" na "descrição gramatical" é refletir sobre o próprio termo **gramática**, ver quando foi forjado, seguir sua trajetória histórica das origens até os nossos dias. Foi o que, de certa forma, se tentou fazer nesta obra, a partir do Capítulo I.

Ora, se não por conta de tal passo, seria por conta da própria empreitada de tentar elaborar uma **gramática escolar** que uma reflexão desse tipo se faria necessária, embora sempre correndo-se o risco – muitas vezes já verificado concretamente – de efetuar o percurso simplesmente pelo percurso. Quantos estudos assumem como tarefa inicial historiar a instituição da disciplina **gramática** e revisar historicamente o conceito de "gramática"; no entanto, não logram aproveitar esse excurso para a fixação das diretrizes da empresa de descrição gramatical a que visam!

AINDA UMA VEZ A NOÇÃO DE GRAMÁTICA

Como diz Clairis (1999, p. 35), qualquer indivíduo, se perguntado, terá algo a dizer sobre o que entende por **gramática**. Trata-se, pois, de um elemento da cultura geral, um produto que diz respeito a um público vasto. **Gramática** é, afinal, um termo familiar.

Não é difícil conciliar esse estatuto com a história do termo e do produto que ele nomeia. Clairis (1999, p. 36) volta ao título do manual de gramática de Dionísio, o Trácio (século II a.C.), *Téchne grammatiké*, para insistir no caráter de "técnica" da gramática alexandrina. Tenho preferido (Neves, 1987) insistir em seu caráter de "arte"[2], o que não muda muito o rumo da reflexão, mas retira do conceito a noção de "conquista tecnológica" que Clairis acentua nele, e, fazendo isso, afasta-o ainda mais de uma natureza possivelmente especulativa. De qualquer modo, trata-se de uma disciplina de caráter prático, de envolvimento público e de apelo cultural. Não poderia ser diferente uma atividade que, movida pela valorização do que se considerava a boa e bela expressão linguística (os helenismos), sobre ela se debruçava para traçar seus paradigmas e oferecê-los como modelo. Mais ainda, o caráter público, cultural e prático se evidenciava pelo próprio móvel sociopolítico da atuação do *grammatikós*, cuja tarefa primordial era a preservação dos padrões encontrados em "poetas e prosadores"[3]. Explicando e julgando as obras, reconhecendo ou não sua autenticidade, apontando suas belezas e defeitos e fazendo a correção dos textos, o *grammatikós* era um *kritikós*, atividade que representava o "poder de decidir como juiz das obras escritas" (Neves, 1987).

Com efeito, lembra Clairis (1999, p. 36), as gramáticas, pelos tempos afora, representaram fator importante na constituição de estados/nações na Europa[4]. Isso ocorreu, ao longo da Idade Média, com os modistas, e, ainda, mais recentemente (século XVII) – influenciando até nossos dias alguns manuais escolares –, com os gramáticos de Port Royal.

AINDA UMA VEZ A RECUPERAÇÃO HISTÓRICA DA CONCEPÇÃO DE GRAMÁTICA

Há alguma coisa, se não estranha, pelo menos perturbadora, no histórico que temos recuperado para a nossa disciplina gramatical tradicional: falamos sempre de uma **gramática** que começou como investigação filosófica sobre a natureza da linguagem, mas que hoje se apresenta como "mero meio dogmático de obter correção" (Dykema, 1961, p. 5). Entre uma proposta e outra, muita coisa "além do que sonha nossa vã filosofia" precisa ser avaliada.

Que tal concepção primeira daquela que se tem chamado **gramática filosófica**[5] não interessa e não pertence aos objetivos de um tratamento gramatical de escola fundamental ou média é absolutamente consensual. Na outra ponta, que aquela concepção de chegada de uma **gramática dogmática**[6] constitui ponto polêmico, quando o que se tem em vista é esse nível de ensino, também é bastante evidente, e especialmente na discussão que se faz nos dias de hoje, em que há uma teoria linguística disponível para as avaliações. A primeira explicação para o fato de se vir mantendo essa concepção de uma gramática de paradigmas modelares é o peso da tradição, mas a recuperação dessa tradição, ancorada no que alguns chegam a chamar, indevidamente, de **gramática grega** (as lições dos primeiros filósofos e as de Platão e Aristóteles), não valida a concepção, já que uma gramática dogmática não é uma gramática lógica. Há meandros do percurso, decisivos na interpretação, que são desconsiderados com tal simplificação.

A AVALIAÇÃO DA GRAMÁTICA ESCOLAR NO CONTEXTO DAS DICOTOMIAS QUE TÊM CERCADO A NOÇÃO DE GRAMÁTICA

Proponho, aqui, uma discussão que busque avaliar a gramática escolar no concerto das controvérsias sobre o uso da linguagem. Estamos vendo que, ultimamente, com a grande exposição da questão do cuidado com a linguagem nos meios de comunicação, vem-se criando uma série de polêmicas que, de um lado, tocam pontos apenas pretensamente inconciliáveis, de outro, são dicotomias que, realmente, resistem a um bom acerto. Vou refletir sobre algumas delas[7].

Certo x errado

Comecemos pela mais problemática das dicotomias sobre desempenho linguístico: **certo** x **errado**.

Pode ser ponto de partida da reflexão sobre essas categorias aquilo que Mollica (2000, p. 234) considera uma "visão maniqueísta das filosofias educacionais tradicionais do ensino de línguas", ligada à característica mais evidente da questão, que é a falta de uma reflexão sobre os fatos, especialmente no terreno da variação linguística.

Se, por um lado, pode-se argumentar que cabe à escola preservar seus educandos da discriminação social em que uma exposição ao "proscrito" os colocará, inevitavelmente, se eles não receberem a devida orientação escolar, por outro lado o temor do **erro** é uma questão que vem sendo muito mal conduzida, até pelos que fazem pregação radicalmente liberal sobre o modo de falar ou escrever dos usuários da língua.

Em primeiro lugar, desconsidera-se, no geral, que a avaliação de **certo** x **errado** é a admissão de uma dicotomia em que não cabe nenhuma concessão a meios-termos e nenhuma relativização para o estatuto discreto das entidades: aceita a dicotomia, fica aceito que o que não é certo necessariamente é errado, e o que não é errado necessariamente é certo. Nessa tomada de posição, torna-se imprescindível o estabelecimento de (pelo menos) uma fonte de autoridade que responda pela correção ("certo") ou pela incorreção ("errado") de cada palavra, construção etc.[8]

Estudiosos dos diversos ramos do saber que tratam o tema **linguagem** (professores de português, gramáticos, ministradores de lições de norma culta e até linguistas preocupados com o ensino da língua pátria) dão um primeiro escorregão quando entram nessa controvérsia por via da discussão da adequação de uso, discussão legítima e fundamental, como apontarei mais adiante, mas que não implica, por si, a postulação das categorias **certo** e **errado** na língua. Com efeito, defender que à escola cabe facilitar que seus alunos adquiram a norma socioculturalmente prestigiada não implica defender que a escola se preocupe, no seu trabalho com a língua, com a categoria **certo** (proscrevendo, assim, o que se enquadra na categoria **errado**), e isso simplesmente porque o conceito de norma-padrão, norma culta, norma de prestígio tem de passar pelo conceito de norma não padrão, norma coloquial, norma desprestigiada, mas não precisa – e não deve – ligar-se a acerto, numa ponta, e a erro, na outra, porque essa ligação significaria transferir do domínio social – que é o legítimo nessa controvérsia – para o domínio da língua uma tensão que de linguístico só tem o veículo no qual se emitem as peças postas sob exame.

A proposta e a manutenção de uma dicotomia com **certo** x **errado**, no exame do uso linguístico, não são condenáveis simplesmente pelo que elas poderiam representar de antidemocrático e preconceituoso, mas, especialmente, pelo que elas representam de anticientífico e antinatural, já que **certo** e **errado** são categorias que nem emanam da própria língua nem, no geral, se sustentam por uma autoridade social legítima. Questões de ortografia – legisladas que são – e questões de distribuição, como, por exemplo, o uso de um artigo definido antes de um pronome indefinido como **algum, nenhum, qualquer** – uso violador de compatibilidade linguística – realmente se incluem em uma dicotomia **certo** x **errado**, a primeira, pelo viés social, e a segunda, pela própria essência das categorias linguísticas. Esses são, porém, casos extremos, circunscritos, não exemplares, se cotejados com os casos contemplados em geral nas lições normativistas indiscriminadamente preceituadas.

Não basta assentar-se que "**certo** e **errado** são conceitos relativos, embora se coloquem como absolutos" (Scherre, 1999, p. 32). Mais que isso, **certo** e **errado** são conceitos impossíveis de estabelecer, a não ser em campos legislados, como a ortografia, ou em questões que tocam a própria **gramaticalidade**, isto é, em referência a sequências que escapam à gramática da língua, sequências nunca ocorrentes em produções linguísticas de falante nativo, por menos letrado que ele seja[9].

Uso x norma-padrão

Continuemos pela dicotomia **uso** x **norma-padrão**, que representa, diferentemente, a mais legítima confrontação, quando posta em questão a atuação escolar no trabalho com a linguagem.

Genericamente, **norma** é uma categoria cientificamente instituída. Como termo técnico na linguística, **norma** é a média dos falares, determinada pela frequência e pela regularidade de uso de uma comunidade linguística, constituindo uma entidade que, numa visão estruturalista, recorta campo com as entidades **língua** e **fala**. Como termo assimilado pelo senso comum, por outro lado, **norma** se liga a **padrão**, e não tem determinação a partir do uso linguisticamente considerado, mas, pelo contrário, se estabelece pela eleição de uma modalidade de uso tida como modelar (bom uso), e, a partir daí, invertendo a relação, opera a normatização dos usos segundo tal avaliação[10]. Resumindo, há uma norma à qual se chega com o estabelecimento de padrões pelo uso do conjunto dos falantes, e há uma norma (norma-padrão) da qual se parte para constituir o bom uso, fixado segundo o uso de um grupo de falantes.

Socialmente legítima, essa norma-padrão merece reflexão profunda e precisa estar sob consideração em todo esforço de instituição do lugar que a língua materna deve ocupar no espaço escolar, já que responde por adequação de desempenho, e adequação de desempenho linguístico é objetivo de qualquer ação formativa.

Ninguém há de dizer que assegurar um lugar para tratamento da norma-padrão na escola constitua manifestação de preconceito ou autoritarismo. Pelo contrário, é em nome do próprio caráter democrático obrigatoriamente característico da escola que o acesso ao "processo de sistematização dos saberes letrados" (Mollica, 2000, p. 234) tem de constituir uma das metas do tratamento escolar da linguagem. Autoritarismo é negar aos alunos que não têm a posse da norma prestigiada o acesso a esse padrão que lhes dará inclusão em estratos valorizados da sociedade, mas que, acima de tudo, lhes dará autonomia no uso da linguagem, pela multiplicação das possibilidades de escolha, caminho exato da maior probabilidade de adequação de registro. A escola é o foro institucionalmente preparado para colocar os falantes nas situações de uso prestigiado da língua, e isso tem de ser feito dentro do princípio de que a norma-padrão é um uso linguístico tão natural e legítimo quanto qualquer outro, e que dela tem o direito de apropriar-se todo e qualquer usuário da língua, a fim de que esteja preparado para versar em padrão adequado às diversas situações reais os seus enunciados. Para as situações informais de fala, e especialmente no seu próprio meio social, todos estão minimamente municiados desde que aprenderam a falar, mas o monodialetalismo – sabemos – é a maior fonte de barreiras, para a mobilidade social, além de – o que é mais importante – constituir fonte inegável de frustração pessoal. A insensibilidade diante da condenação ao imobilismo sociocultural dos socioeconomicamente mal dotados é que é, afinal, preconceito.

E não nos iludamos com as pregações demagógicas que, em nome da defesa do "todos são iguais", condenam o cuidado da escola com a língua escrita e com a norma prestigiada, pregando com isso, em última análise, que as desigualdades de oportunidade e realização pessoal sejam mantidas e alimentadas. Não é necessário e não é legítimo que se invoque e se apregoe condição de inferioridade para os alunos que ingressam na escola sem nenhuma versatilidade na adequação de padrões, e exatamente pela falta de posse de outro padrão que não aquele de seu grupo familiar, desprestigiado. Partir da ideia simples de que isso é a configuração de um déficit é assentar as bases da atuação em caminho sem volta. A escola está instituída justamente para, desse ponto de partida, caminhar, em trabalho participativo, para a colocação dos seus alunos em outras situações que acionem outros padrões, aos quais eles terão de chegar pela construção e pelo aproveitamento de situações vividas de interação, nunca pelo oferecimento de lições prontas – avulsas – de "boa" linguagem.

Língua falada x língua escrita

Uma terceira dicotomia – **língua falada** x **língua escrita** tem sido falsamente avaliada, especialmente quando se trata de trabalho escolar com a linguagem. Kleiman, Cavalcanti e Bortoni (1993, p. 476) atribuem a posições estruturalistas o equívoco das representações passadas aos professores de que a escrita é simples transcrição da fala. Na verdade, já a alfabetização – a atividade socialmente considerada como um mágico rito de passagem na escola – tem sido conduzida deste modo: parte-se do princípio de que alfabetizar é ensinar a codificar sons em letras e cadeia sonora em cadeia gráfica (e até sem preocupação de que a atenção para essa cadeia vá além do limite de cada palavra). O insucesso no desempenho escrito, que mais tarde se verificará, é inevitável, consequência do entendimento de que aquele desejável trânsito dos padrões distensos para o tenso, das normas coloquiais para a padrão, e aquela mobilidade entre os diversos registros para a necessária adequação devam ser obtidos em lições "gramaticais" desvinculadas do processo de interlocução.

Quando um simples "falante" da língua (um indivíduo que não sabe escrever) passa a ser "escrevente" daquela língua (um indivíduo que sabe escrever), ele terá de desenvolver uma série de habilidades específicas, terá de aprender a manejar unidades específicas e a operar distintas marcas de formulação[11], ele deverá ter a posse de um novo tipo de desempenho linguístico.

Uma lúcida apreciação da relação entre as modalidades falada e escrita da língua, vista no contexto da aprendizagem, está em Kato (1990), para quem, na fase inicial, a escrita tenta representar a fala – o que faz de forma parcial – e posteriormente é a fala que procura simular a escrita – o que também é conseguido parcialmente (p. 11). Isso culmina no fato, também observado por Kato (1990), de que "a fala-padrão nada mais é do que a simulação da própria escrita" (p. 23).

Na verdade, a atenção escolar se concentra na produção escrita. Quando algum cuidado se revela em relação ao fato de o desempenho na modalidade falada também ter seu papel no processo de elevação social, elege-se como modelo a ser perseguido o de aproximação com a língua escrita, o que constitui uma das maiores incoerências do tratamento da questão: ignora-se que as inúmeras possibilidades construcionais que a variabilidade da língua mantém à disposição de seus usuários para a constituição dos enunciados aproveitam tanto ao desempenho escrito quanto à produção oral, mas servem diferentemente às diferentes situações de uso, aí incluídas as diferentes modalidades de linguagem.

Sabemos que não é na fala, com certeza, que o usuário da língua "capricha" mais marcadamente para atingir o padrão. Retomemos a reflexão de Kato (1990), indo no reverso: pela vida afora, o nosso usuário da língua, inserido numa história civilizada e numa sociedade letrada, vai preocupar-se, prioritariamente, em pautar a sua escrita – mais que a sua fala – pelo padrão valorizado. Ocorre que, já nas primeiras produções escritas – que, por via natural, representariam a fala, como observa Kato – atua a pressão da escola no sentido contrário. Entende o sistema escolar que a desvinculação deva ser imediata, simplesmente não admitindo que a criança escreva "como fala", mesmo no início de sua atividade de produção de textos escritos. E, sem propiciar ao aluno nenhuma condição de acionar um esquema interacional efetivo – que é o que ele naturalmente aciona quando usa a linguagem falada, em suas atividades de vida –, a escola exige que ele opere inequivocamente as estratégias comunicativas pertinentes à modalidade escrita, basicamente diferentes das estratégias da comunicação oral. O que ocorre na situação escolar de produção escrita é que, com condições de produção absolutamente rituais, com motivações artificialmente criadas, com finalidades ditadas do exterior, afinal com total ausência de uma situação consentida de interlocução, o aluno se põe a produzir um texto simplesmente na hora em que lhe dizem que está na hora de produzir um texto, sem mais quê nem por quê. E, afinal, o que a escola obtém, com essa atitude, é fazer a criança perder o domínio de seu desempenho em linguagem, e confundir a consciência intuitiva de linguagem que a fala lhe deu.

Aí é que a escola faz entrar a gramática escolar: para corrigir os problemas que então se verificam na produção de textos, a escola tem pronta a solução das lições gramaticais, que ela oferece em paradigmas – às vezes vistos como simples esquemas, às vezes vistos como rigorosos modelos – embora saiba de antemão que por essa via não vai chegar a nenhum reparo de desempenho, pela própria exterioridade mútua em que coloca as duas atividades, tal como concebidas e implementadas.

Descrição x prescrição

Chegamos a uma quarta dicotomia – **descrição** x **prescrição** –, que já não mais se situa no domínio do uso linguístico, do funcionamento da linguagem, mas pertence ao domínio da análise linguística, da investigação sobre o funcionamento da linguagem, e, ainda, da atuação no ensino da língua. Essa é uma diferença fundamental em relação às outras controvérsias até aqui examinadas, pois, nesta questão, as pessoas envolvidas não são os simples usuários, mas são os analistas (linguistas) ou os organizadores de modelos da língua portuguesa (gramáticos normativos), juntamente com os profissionais de ensino engajados em tarefa relacionada ao funcionamento da linguagem. Voltando às lições de Mattoso Câmara

(1972), podemos avaliar esta dicotomia usando a analogia da Linguística com a Sociologia e da Gramática Normativa com o Direito, embora a normatividade em língua não tenha contornos tão evidentes como tem a norma jurídica.

Na verdade, com esta dicotomia entramos realmente no domínio conceitual, deixando de limitar-nos a um terreno em que leigos de boas intenções podem ter algo a dizer, possivelmente algo de bom-senso. Aqui, exige-se mais. Discussões envolvidas serão, pois, de ordens tais como a própria concepção de gramática e a natureza das gramáticas.

UMA AVALIAÇÃO DA UTILIDADE DA GRAMÁTICA ESCOLAR

Já indiquei que são muitas as propostas de consideração do termo **gramática**, que sempre vai de uma concepção bem genérica até uma concepção bem específica, e de uma visão absolutamente descritiva até uma visão prioritariamente normativa[12]. Diz Nogueira (1999) que se pode "apostar" (p. 103) em várias definições de gramática; como, por exemplo: "descrição do funcionamento de uma língua", com particular incidência na morfologia e na sintaxe; conjunto de prescrições normativas; "sistema forma, construído pelo linguista, para estabelecer um mecanismo susceptível de construir frases consideradas como gramaticais pelos locutores de uma língua"; "sistema interiorizado pelo locutor-ouvinte de uma língua que lhe permita produzir e compreender as frases dessa língua" (p. 103).

Também já apontei que, se é difícil delimitar o conceito de gramática, não menos problemático é entender o que deva constituir uma disciplina "gramática", ou um conteúdo curricular a ela ligado, dentro da grade curricular escolar nos graus iniciais[13]. Volto a Nogueira (1999), que, buscando "compreender a extensão e a variedade do conceito de gramática em função de suas implicações pedagógico-didáticas" (p. 104), considera três perspectivas complementares: "descritiva, normativa-prescritiva e produtiva". Ele considera que a distinção entre as duas primeiras perspectivas é de validade indiscutível, "porque as línguas naturais são mecanismos cujo funcionamento decorre do rigor inerente à relação que entre si mantêm os elementos que as constituem como sistemas (relembre-se, por exemplo, o significado saussureano de valor) e porque a interação verbal, ou, por outras palavras, as práticas de uso da língua em situações concretas de enunciação e comunicação, implica(m), por parte dos falantes, a consciência, mais ou menos crítica, de que existe uma norma, entidade ideal que até certo ponto determina o estabelecimento de padrões de correção vigentes em períodos mais ou menos longos" (p. 104).

Na avaliação da natureza das gramáticas, parece-me um bom começo lembrar a indicação da famosa gramática castelhana de Nebrija (1492, *apud* González, 1999, p. 72), das três utilidades da gramática: fixar a língua para que não se corrompa (do mesmo modo que a gramática latina havia permitido que o latim clássico permanecesse invariável); facilitar o estudo da gramática latina; ensinar o castelhano a estrangeiros. São todas indicações de uma concepção – hoje não defendida – de que o imobilismo da língua é um ideal a ser perseguido, e de uma concepção – ainda desejada sociopoliticamente, embora não de modo confesso de que uma língua nacional deve ser preservada, como instrumento de dominação. Por outro lado, trata-se de uma concepção – hoje reafirmada – de que a língua nativa não precisa ser ensinada, apenas a língua estrangeira, o que leva a uma segunda implicação, também muito viva na ciência linguística, de que o ensino da gramática de língua estrangeira tem bases diferentes das do ensino de gramática da língua nativa.

Relacionado à natureza da gramática é o discurso dos manuais de gramática, que Barros (2001) investiga como "discurso da norma", ou seja, o "conjunto de procedimentos discursivos que levam o enunciatário a acreditar na verdade e na necessidade de certos usos linguísticos" (p. 9). São propostos três tipos de discurso da gramática (bem como do dicionário, de que aqui não trato): aquele que produz uma imagem de língua única, homogênea, sem variação (a norma é única); aquele que aponta uma norma boa e uma norma má (a norma é prescritiva); aquele que considera ausência de norma, ou seja, contempla a existência de variantes (a norma é de frequência de uso). Situados em diferentes pontos de tipicidade nos três conjuntos, os manuais de gramática variam de um extremo em que a norma culta é instituída como a natural até o outro extremo, em que se prescinde do conceito de norma culta, passando, nos pontos intermediários, por uma catalogação dos usos com "prescritos", "aceitos", "proibidos" etc. (p. 11).

Na verdade, uma implicação básica da avaliação da natureza da gramática é o procedimento de fixação da norma, o qual se liga, primordialmente, ao papel conferido ao valor social da linguagem, e, por via disso, ao valor conferido à pressão sociocultural sobre os falantes, ou seja, ao preconceito social na linguagem.

O QUE CONCLUIR

E por aí se pode fechar a reflexão sobre a natureza de uma gramática ligada aos objetivos do ensino escolar de Língua Portuguesa, isto é, sobre a concepção de uma gramática escolar.

Cruzando as dicotomias aqui tratadas e seus envolvimentos, pode-se concluir que tensões como as que se manifestam entre uso e norma-padrão, entre modalidade falada e modalidade escrita de língua, e, finalmente, entre descrição e prescrição emergem da própria essência das línguas naturais, e são ingredientes obrigatórios da consideração do tratamento escolar da linguagem, mas que a tensão entre certo e errado, simplistamente erigida em foco de preocupação, é absolutamente espúria.

Pode-se considerar que os dois campos em que se situam os pontos das diversas controvérsias – que são o da Linguística e o da disciplina gramatical escolar – não podem ser vistos como estranhos entre si nem como atuações em competição e em processo de destruição mútua. Pelo contrário, nenhum dos dois campos precisa vencer e substituir o outro, exatamente porque eles se alimentam mutuamente. É absolutamente evidente, por exemplo, que renovações no ensino se devem à circulação da teoria linguística, assim como é evidente que claudicações na condução escolar da reflexão sobre a linguagem hão de emperrar um desenvolvimento da ciência linguística que aproveite maximamente à prática escolar da linguagem, à desejável atuação da escola no bom desempenho linguístico dos alunos.

Notas

[1] Uma primeira versão deste texto foi entregue para publicação no livro *Livro comemorativo dos 30 anos*. PUC-SP.

[2] Essa me parece a melhor tradução para o grego *téchne*, conforme se vê no título latino correspondente, *ars grammaticae*.

[3] A atividade do *grammatikós* era complementar à do *philólogos*: enquanto este tentava "a revisão crítica dos textos e a compreensão da obra literária", aquele se interessava "pela cultura em geral" (Neves, 1987, p. 104).

[4] Clairis (1999, p. 36) cita Swiggers (1997, p. 158-159): "Cette mise en grammaire des langues européennes (et des langues de leurs colonies) s'inscrivait dans un programme politique, de centralisation du pouvoir et de revendication de droits territoriaux".

[5] As investigações da linguagem que fizeram os filósofos não foram, de modo algum, "gramaticais". A linguagem nada mais era do que o meio palpável, examinável, avaliável, para tratar-se a lógica, e isso não é, absolutamente, **gramática** (mesmo que alguns termos gramaticais que ainda hoje usamos tenham sido cunhados pelos filósofos).

[6] É também na história da gramática ocidental, com berço na civilização helenística, que se encontra o ponto inaugural da utilização do comentário filológico (busca de "helenismos") que haveria de conduzir à valorização de modelos para uma determinada língua. Ver capítulo "As relações entre ciência linguística, uso linguístico e as noções de 'certo' e 'errado'", na Parte II.

[7] Essas relações já foram examinadas nos capítulos anteriores a este.

[8] Ver capítulo "A fixação da norma-padrão: a fonte e os limites".

[9] Refiro-me ao conceito chomskiano inaugural (Chomsky, 1965, p. 11) de **gramaticalidade** como conformidade às regras sintáticas da gramática na estruturação da frase.

[10] Esse tema foi tratado na Parte II.

[11] Lembre-se que as diferenças de veículo, de condições de planejamento, de condições de continuidade, de natureza de interação exigem a operação de diferentes esquemas construcionais, para adequação do produto às contingências da produção. Haverá, afinal, diferenças combinatórias a acionar diferentes unidades. O tema é tratado, neste livro, especialmente nos capítulos "Língua falada, língua escrita e ensino" e "O papel da escola na condução das atividades de produção escrita e de análise gramatical".

[12] Apresentei no capítulo "A natureza da disciplina *gramática* – Visão histórica" um panorama sucinto das concepções correntes de gramática.

[13] Tratei a questão nos capítulos "A gramática no espaço escolar. Pressupostos" e "A gramática: conhecimento e ensino".

Referências bibliográficas

ABAURRE, M. B. M.; RODRIGUES, A. C. S. *Gramática do Português Falado*. v. VIII – Novos estudos descritivos. Campinas: Ed. UNICAMP, 2003.

ALMEIDA, G. M. B.; SOTO, U.; BERLINCK, R. A. (orgs.). *Corpo e voz*. Araraquara: Curso de Pós-graduação em Letras, FCL-UNESP-Ar, 1997.

APOTHÉLOZ, D.; REICHLER-BÉGUELIN, M. J. Construction de la référence et stratégies de désignation. *TRANEL (Travaux neuchâtelois de linguistique)*, nº 23, p. 227-271, 1995.

ARISTOTE. *Politique*. Texte établi et traduit par Jean Aubonnet. 2ª ed. Paris: Les Belles Lettres, 1968. Tome I.

ASHBY, W.; BENTIVOGLIO, P. *Information Flow in Spoken French and Spanish*: a Comparative Study. Washington, D.C: Georgetown University, 1993a.

_____. Preferred Argumente Structurein Spoken French and Spanish. *Language Variaton and Change*, nº 5, p. 61-76, 1993b.

AZEREDO, J. C. (org.) *Língua portuguesa em debate*: conhecimento e ensino. Petrópolis, 2000.

BAGNO, M. (org.). *Linguística da norma*. São Paulo: Edições Loyola, 2002.

BARBOSA, J.M. *et alii* (orgs.) *Gramática e ensino das línguas*. Actas de I Colóquio sobre Gramática. Coimbra: Almedina, 1999.

BARRETO, T. M. *Gramaticalização das conjunções na história do português*. Salvador, 1999. Tese (Doutorado em Letras). Instituto de Letras, Universidade Federal da Bahia. Salvador, 1999.

BARROS, D. P. L. O discurso da norma na gramática de Fernão de Oliveira. *Línguas e instrumentos linguísticos*. nº 7, p. 7-21, 2001.

BARROS, J. *Textos pedagógicos e gramaticais*. Introdução, seleção, notas e leitura de Maria Leonor Carvalhão Buescu. Lisboa: Editorial Verbo, 1969.

BASTOS, N. B. (org.) *Língua Portuguesa*: uma visão em mosaico. São Paulo: IP-PUC-SP/EDUC, 2002.

BECHARA, E. Problemas de descrição linguística e sua aplicação no ensino de gramática. In: VALENTE, A. *Língua, linguística e literatura*. Rio de Janeiro: Ed. UERJ, 1998. p. 15-21.

_____. A correção idiomática e o conceito de exemplaridade. In: AZEREDO, J. C. (org.) *Língua portuguesa em debate:* conhecimento e ensino. Petrópolis, 2000. p. 11-18.

BENTIVOGLIO, P. Spanish Preferred Argument Structure across Time and Space. *D.E.L.T.A.* v. 10, n. esp., p. 277-293, 1994.

BERNSTEIN, B. (ed.). *Class, Codes, and Control*. Londres: Routledge and Kegan Paul, 1973.

BLANCHE-BENVENISTE, C. Língua falada e ensino. *Anais do I Encontro Nacional sobre Língua Falada e Ensino*. Maceió: Universidade Federal de Alagoas, 1994. p. 11-26.

BORBA, F. S. (coord.) *Dicionário gramatical de verbos do português contemporâneo do Brasil*. São Paulo: Ed. UNESP, 1990.

_____. (coord.) *Dicionário de usos do português*. São Paulo: Ática, 2002.

BOURDIEU, P.; PASSERON, J-C. Tradição erudita e conservação social. In: *A reprodução*: elementos para uma teoria do sistema de ensino. Rio de Janeiro: Francisco Alves, 1982.

BRANDÃO, C. *Sintaxe clássica portuguesa*. Belo Horizonte: Imprensa da Universidade de Minas Gerais, 1963.

BRUNOT, F. *Histoire de la langue française*. Tome VI. Le XVIIIe siècle, La langue Postclassique. Paris: Librairie Armand Colin, 1932.

CALLOU, D. (org.) *A linguagem falada culta na cidade do Rio de Janeiro*. v. 1 – Elocuções formais. Rio de Janeiro: Faculdade de Letras da Universidade Federal do Rio de Janeiro, 1991.

CALLOU, D.; LOPES, C. R. (orgs.) *A linguagem falada culta na cidade do Rio de Janeiro*. v. 2: Diálogos entre informante e documentador. Rio de Janeiro: Faculdade de Letras da Universidade Federal do Rio de Janeiro, 1993.

_____. *A linguagem falada culta na cidade do Rio de Janeiro*. v. 3: Diálogos entre dois informantes. Rio de Janeiro: Faculdade de Letras da Universidade Federal do Rio de Janeiro, 1994.

CAMACHO, R. O sistema escolar e o ensino da língua portuguesa. *Alfa*. São Paulo, v. 29, p. 1-7, 1985.

CARNEIRO RIBEIRO, E. *Serões gramaticais*. 6ª ed. Salvador: Livraria Catilina, 1956 [1890].

CASTILHO, A. T. Variação dialetal e ensino institucionalizado de língua portuguesa. *Cadernos de Estudos Linguísticos*, nº 1, p. 13-20, 1978.

_____. A constituição da norma pedagógica do português. *Revista do Instituto de Estudos Brasileiros*, nº 22, p. 9-18, 1980.

_____. *Gramática do Português Falado*. v. I – A ordem. Campinas: Ed. UNICAMP/FAPESP, 1990.

CASTILHO, A. T. (org.) *Gramática do Português Falado*. v. III – As abordagens. Campinas: Ed. UNICAMP/FAPESP, 1993.

CASTILHO, A. T.; BASÍLIO, M. (orgs.) *Gramática do Português Falado*. v. IV – Estudos descritivos. Campinas: Ed. UNICAMP/FAPESP, 1996.

CASTILHO, A. T.; ILARI, R. (orgs.) *Actas do IX Congreso Internacional da Associação de Lingüística y Filologia de la America Latina*. Campinas: Ed. UNICAMP/IEL, 1993.

CASTILHO, A. T.; PRETI, D. (orgs.) *A Linguagem falada culta na cidade de São Paulo*. v. 1: Elocuções formais. São Paulo: T. A. Queiroz, 1986.

_____. *A linguagem falada culta na cidade de São Paulo*. v. 2: Diálogos entre dois informantes. São Paulo: T. A. Queiroz, 1987.

CEDERGREN, H.; SANKOFF, D. Variable rules: Performance as a Statistical Reflection of Competence. *Language*, nº 50, v. 2, p. 335-355, 1974.

CEGALLA, D. P. *Novíssima gramática da Língua Portuguesa*. 20ª ed. São Paulo: Nacional, 1979.

CHARTIER, A. M.; HÉBRARD, J. Lire pour écrire à l'école dans la construction sociale de l'illetrisme. In: REUTER, Y. (Ed.) *Les interactions lecture-écriture*, Actes du Colloque Theodile-Crel, Lille. Berna: P. Lang, 1994.

CHOMSKY, N. A. *Aspects of the Theory of Syntax*. Cambridge, Mass.: MIT Press, 1965.

CLAIRIS, C. Dinâmica linguística e descrição gramatical. In: BARBOSA, J. M. *et alii* (orgs.) *Gramática e ensino das línguas*. Actas de I Colóquio sobre Gramática. Coimbra: Almedina, 1999. p. 35-43.

COBUILD, C. *English Language Dictionary*. London: Collins, 1987.

COSERIU, E. *Sincronia, diacronia y historia*. Montevidéu: Universidad, 1958.

_____. Sistema, norma y habla. In: COSERIU, E. *Teoria del lenguaje y lingüística general*. Madrid: Gredos, 1967 [1951].

_____. *Teoria del lenguaje y lingüística general*. Madrid: Gredos, 1967 [1951].

_____. *Competencia lingüística*. Elementos de la teoría del hablar. Tradução espanhola. Madrid: Gredos, 1992 [1988].

CULICOVER, P. W. *Syntax*. New York: Academic Press, 1982.

CUNHA, C. *A questão da norma culta brasileira*. Rio de Janeiro: Tempo Brasileiro, 1985.

CUNHA, C.; CINTRA, L. F. L. *Nova gramática do português contemporâneo*. Rio de Janeiro: Nova Fronteira, 1985.

DIK, S. C. *The Theory of Funcional Grammar*. Dordrecht-Holland/Providence RI – USA: Foris Publications, 1989.

_____. *The Theory of Functional Grammar* (ed. by K. Hengeveld). Berlin/New York: Mouton de Gruyter, 1997.

DIONISIO, A.; MENDONÇA, M. (orgs.) *I Encontro sobre Gramáticas do Português* – Conferências. Recife: Editora Universitária/UFPE, 2001.

DU BOIS, J. W. Competing Motivations. In: HAIMAN, J. (Ed.) *Iconicity in Syntax*. Amsterdam: John Benjamins, 1985. p. 343-365.

_____. The Discourse Basis of Ergativity. *Language*. nº 63, p. 805-855, 1987.

DUTRA, R. The Hybrid S Category in Brazilian Portuguese: Some Implications for Word Order. *Studies in Laguage*. nº 11, p. 163-180, 1987.

DYKEMA, K. W. *Where our Grammar Come from*. Youngstown: Youngstown University, 1961.

ENGLAND, N.; MARTIN, L. *Issues in the Applications of Preferred Argument Structure Analisys to Non-Pear Stories*. MS: Cleveland State University, s/d.

FARACO, C. A. Norma-padrão brasileira. In: BAGNO, M. (org.). *Linguística da norma*. São Paulo: Edições Loyola, 2002. p. 37-61.

FERREIRO, E. Lengua oral y lengua escrita: Aspectos de la adquisición de la representación escrita dei lenguaje. In: CASTILHO, A. T.; ILARI, R.(orgs.) *Actas do IX Congreso Internacional da Associação de Lingüística y Filologia de la America Latina*. Campinas: UNICAMP/IEL, 1993. p. 343-357.

FIGUEIREDO, C. *Lições práticas da língua portuguesa*. 3ª ed. Lisboa: Ferreira Editora, 1900. v. I.

FIORIN, J. L. Para uma história dos manuais de português: pontos para uma reflexão. *SCRIPTA*, Belo Horizonte, v. 2, nº 4, p. 151-161, 1999.

FIRTH, J. R. The Semantics of Linguistic Science. *Língua*, nº 1, v. 4, p. 394, 1948.

FONSECA, M. S. V; NEVES, M. F. (orgs.) *Sociolinguística*. Rio de Janeiro: Eldorado, 1974.

FOWLER, R. *et alii* (Eds.) *Language and Control*. London: Routledge & Kegan Paul, 1979.

GABELENTZ, H. G. von der. *Die Sprachwissenschaft, ihre Aufgaben, Methoden und bisherigen Ergebnisse*. Leipzig: Weigel, 1891.

GIVÓN, T. *Syntax and Semantics: Discourse and Syntax,* v. 12. New York: Academic Press, 1979.

_____. *Syntax I*. Nova York: Academic Press, 1984.

_____. *Syntax:* A Functional-Typological Introduction. v. II. Amsterdam: John Benjamins, 1990.

_____. *Functionalism and Grammar*. Amsterdam/Filadélfia: John Benjamins, 1995.

GONZÁLEZ, A.M. Gramática e ensino de línguas. In: BARBOSA, J. M. *et alii* (orgs.) *Gramática e ensino das línguas*. Actas de I Colóquio sobre Gramática. Coimbra: Almedina, 1999. p. 71-86.

GREENBAUM, S. Reference Grammars and Pedagogical Grammars. *World Englishes*, nº 6, p. 191-197, 1987.

GROßE, S.; SCHÖNBERGER, A. *et alii* (Hrsg). *Ex oriente lux*: Festschrift für Eberhard Gärtner zu seinem 60 Geburtstag. Frankfurt am Main: Valentia, 2002.

GROßE, S.; ZIMMERMANN, K. (orgs.) *Substandard e mudança no português do Brasil*. Frankfurt am Main: TFM, 1998.

HAIMAN, J. (Ed.) *Iconicity in Syntax*. Amsterdam: John Benjamins, 1985.

HAIMAN, J.; THOMPSON S.A. (Eds.). *Clause Combining in Grammar and Discourse*. Amsterdam: John Benjamins, 1988.

HALLIDAY, M. A. K. The Functional Basis of Language. In: BERNSTEIN, B. (Ed.). *Class, Codes, and Control*. Londres: Routledge and Kegan Paul, 1973.

_____. *An Introduction to Functional Grammar*. Baltimore: Edward Arnold. 1985.

HALLIDAY, M. A. K.; HASAN, R. *Cohesion in English*. London: Longman, 1976.

HALLIDAY, M. A. K., STEVENS, P.; McINTOSH, A. *As ciências linguísticas e o ensino de línguas*. Tradução portuguesa de Myriam Freire. Morau. Petrópolis: Vozes, 1974.

HARTWELL, P. Grammar and the Teaching of Grammar. *College English*, v. 47, nº 2, p. 105-27, 1985.

HEINE, B., CLAUDI, U.; HÜNNEMEYER, F. *Grammaticalization*: a Conceptual Framework. Chicago: Univ. of Chicago Press, 1991.

HEINE, B.; REH, M. *Grammatical Categories in African Languages*. Hamburg: Helmut Buske, 1984.

HILGERT, J. G. A construção do texto "falado" por escrito na Internet. In: PRETI, D. (org.) *Fala e escrita em questão*. São Paulo: Humanitas, 2000. p. 17-55.

HOPPER, P. J. Emergent Grammar. *Berkeley Linguistic Society*, v. 13, p. 139-157, 1987.

_____. On Some Principles of Grammaticalization. In: TRAUGOTT, E.; HEINE, B. *Approaches to Grammaticalization*, v. 1. Amsterdam/Philadelphia: John Benjamins, 1991. p. 17-35.

HOPPER, P. J.; TRAUGOTT, E. *Grammaticalization*. Cambridge: Cambridge University Press, 1993.

HORA, D.; CHRISTIANO, E. (orgs.) *Estudos linguísticos*: realidade brasileira. João Pessoa: Ideia, 1999.

HOUAISS, A. *Sugestões para uma política do idioma*. Rio de Janeiro: Instituto Nacional do Livro. 1960.

ILARI, R. *Perspectiva funcional da frase portuguesa*. Campinas: Ed. UNICAMP, 1986.

_____. (org.) *Gramática do Português Falado*. v. II – Níveis de análise linguística. Campinas: Ed. UNICAMP/FAPESP, 1992.

_____ *et alii*. Considerações sobre a posição dos advérbios. In: CASTILHO, A. T. (org.) *Gramática do Português Falado*. v. I – A ordem. Campinas: Ed. UNICAMP/FAPESP, 1990. p. 63-141.

ILARI, R., FRANCHI, C.. NEVES, M. H. M. Os pronomes pessoais do português falado. Roteiro para análise. In: CASTILHO, A. T.; BASÍLIO, M. (orgs.) *Gramática do Português Falado*. v. IV – Estudos descritivos. Campinas, 1996. p. 79-166.

KATO, M. A. *No mundo da escrita*. Uma perspectiva psicolinguística. 3ª ed. São Paulo: Ática, 1990.

_____. Como, o quê e por que escavar? In: KATO, M.; ROBERTS, I. (orgs.) *Português brasileiro*: viagem diacrônica. Campinas: Ed. UNICAMP, 1993.

_____. (org.) *Gramática do Português Falado*. v. V – Convergências. Campinas: Ed. UNICAMP/FAPESP, 1996.

KATO, M.; ROBERTS, I. (orgs.) *Português brasileiro*: viagem diacrônica. Campinas: Ed. UNICAMP, 1993.

KLEIMAN, A. B. Interação e produção de texto: elementos para uma análise interpretativa crítica do discurso do professor. *D.E.L.T.A.*, v. 9, n. especial, p. 417-435, 1993.

KLEIMAN, A. B., CAVALCANTI M. C., BORTONI, S. M. Considerações sobre o ensino crítico de língua materna. In: CASTILHO, A. T.; ILARI, R. (orgs.) *Atas do IX Congresso Internacional da Associação de Linguística e Filologia da América Latina – ALFAL*. Campinas: Ed. UNICAMP/IEL, 1993. p. 475-491.

KOCH, I. G. V. (org.) *Gramática do Português Falado*. v. VI- Desenvolvimentos. Campinas: Ed. UNICAMP/FAPESP, 1996.

KOCH, P.; ÖSTERREICHER, W. *Gesprochene Sprache in der Romania*: Französisch, Italienisch, Spanisch. Tübingen: Max Niemeyer, 1990.

KRESS, G. The Social Values of Speeching and Writing. In: FOWLER, R. *et alii* (Eds.) *Language and Control*. London: Routledge & Kegan Paul, 1979.

KUMP, L. Preferred Argument in Second Language Discourse: a Preliminary Study. *Studies in Language*, v. 16, nº 2, p. 369-403, 1992.

LABOV, W. *Sociolinguistisc Patterns*. Philadelphia: University of Pennsylvania Press, 1972.

_____. Estágios na aquisição do inglês *standard*. Trad. portuguesa de Luiza Leite Bruno Lobo. In: FONSECA, M. S. V.; NEVES, M. F. (orgs.) *Sociolinguística*. Rio de Janeiro: Eldorado, 1974. p. 49-85.

_____. *Principles of Linguistic Change*. Oxford / Cambridge: Blackwell, 1994.

LAET, C.; BARRETO, F. *Antologia Nacional*. 7ª ed. Rio de Janeiro: Francisco Alves, 1956 [1895].

LEECH, G. *Semantics*. Harmondsworth, Penguin Books, 1974.

LEHMANN, C. *Toughts on Grammaticalization*. A programmatic sketch. Köln: Arbeiten des Kölner Universalien – Projekts 48, 1982.

_____. Grammaticalization: Synchronic Variation and Diachronic Change. *Lingua e Stile*. v. 20, n. 3, p. 303-318, 1985.

_____. Towards a Tipology of Clause Linkage. In: HAIMAN, J.; THOMPSON S. A. (Eds.). *Clause Combining in Grammar and Discourse*. Amsterdam: John Benjamins, 1988. p. 181-225.

LEITE, M. Q. *Metalinguagem e discurso*. A configuração do purismo brasileiro. São Paulo: Humanitas Publicações FFLCH/USP, 1999.

LONGACRE, R.E. Sentences as Combinations of Clauses. In: SHOPEN, T. (Ed.) *Language Typology and Syntactic Description*. Complex Constructions. v. II. Cambridge: Cambridge University Press, 1985. p. 235-286.

LUCCHESI, D. A constituição histórica do português brasileiro como um processo bipolarizado: tendências atuais de mudança nas normas culta e popular. In: GROßE, S.; ZIMMERMANN, K. (orgs.) *Substandard e mudança no português do Brasil*. Frankfurt am Main: TFM, 1998. p. 73-100.

_____. Norma linguística e realidade social. In: BAGNO, M. (org.). *Linguística da norma*. São Paulo: Edições Loyola, 2002. p. 63-92.

LUFT, C. P. *Moderna Gramática brasileira*. Porto Alegre: Globo, 1985.

MARCUSCHI, L. A. Concepção de língua falada nos manuais de português de 1º e 2º graus: uma visão crítica. *Trabalhos de linguística aplicada*, nº 30, p. 39-79, 1997.

_____. O tratamento da oralidade nos PCN de língua portuguesa de 5ª a 8ª séries. *SCRIPTA*, v. 2, nº 4, p. 114-129, 1999.

_____. *Da fala para a escrita:* Atividades de retextualização. São Paulo: Cortez, 2000.

MARINHO, M. (org.) *Ler e navegar: espaços e percursos da leitura*. Campinas: Mercado de Letras / Associação de Leitura do Brasil – ALB, 2001.

MARTINET, A. Diachronie et synchronie dynamique. In: *Évolution des langues et reconstruction*. Paris: Armand Colin, 1989.

MATTHIESSEN, C., THOMPSON, S. A. The Structure of Discourse and 'Subordination'. In: HAIMAN, J.; THOMPSON S.A. (eds.). *Clause Combining in Grammar and Discourse*. Amsterdam: John Benjamins, 1988. p. 275-329.

MATTOS E SILVA, R. V. *Tradição gramatical e gramática tradicional*. São Paulo: Contexto, 1989.

_____. Variação, mudança e norma (Movimentos no interior do português brasileiro). In: BAGNO, M. (org.). *Linguística da norma*. São Paulo: Edições Loyola, 2002. p. 291-316.

MATTOSO CÂMARA, Jr. J. *Estrutura da língua portuguesa*. 3ª ed. Petrópolis: Vozes, 1972.

MICHAEL, S.; COLLINS, J. Oral Discourse Styles: Classroom Interaction and the Acquisition of Literacy. In: TANNEN, D. *Coherence in Spoken and Written Discourse*. Norwood: Ablex, 1984.

MOLLICA, M. C. M. Certo e errado e exclusão social. *Gragoatá*, nº 9, p. 233-240, 2000.

MONTEIRO, O. P. Em defesa da gramática. In: BARBOSA, J. M. *et alii* (orgs.) *Gramática e ensino das línguas*. Actas de I Colóquio sobre Gramática. Coimbra: Almedina, 1999. p. 163-171.

MOURA, M. D. (org.) *Atas do I Congresso Internacional da Associação Brasileira de Linguística*. Salvador: ABRALIN/FINEP/UFBA, 1996.

NARO, A. J. The Social and Structural Dimensions of a Syntatic Change. *Language*, v. 1, nº 57, p. 63-98, 1981.

NASCIMENTO, M.F.B. *Contribuição para um dicionário de verbos do português* – Novas perspectivas metodológicas. Dissertação em Linguística Portuguesa para acesso à categoria de Investigador Auxiliar. INIC-CLUL, Lisboa, 1987.

NEBRIJA, E. A. *Gramática castelhana*. Salamanca: Edição de A. Qualis, 1942. Madrid: Ed. Nacional, 1980.

NEVES, M. H. M. *A vertente grega da gramática tradicional*. São Paulo: HUCITEC/UNB, 1987.

_____. *Manuais de gramática e ensino da língua portuguesa*. Comunicação apresentada na 40ª Reunião da SBPC. São Paulo – USP, 1988. mimeografado.

_____. *A gramática na escola*. São Paulo: Editora Contexto, 1990a.

_____. A questão da ordem na gramática tradicional. In: CASTILHO, A. T. (org.) *Gramática do Português Falado*. v. I – A ordem. Campinas: Ed. UNICAMP/FAPESP, 1990b. p. 185-316.

_____. Os advérbios circunstanciais de lugar e tempo. In: ILARI, R. (org.) *Gramática do Português Falado*. v. II – Níveis de análise linguística. Campinas: Ed. UNICAMP/FAPESP, 1992. p. 261-296.

_____. Possessivos. In: CASTILHO, A. T. (org.) *Gramática do Português Falado*. v. III – As abordagens. Campinas: Ed. UNICAMP/FAPESP, 1993. p. 149-211.

_____. Gramática do Português Falado: os pronomes pessoais. *Anais do VII Encontro Nacional da ANPOLL*, v. 2 – Linguística. Goiânia, 1994a, p. 547-556.

_____. *A estrutura argumental preferida em inquéritos do NURC*, 1994b. mimeografado.

_____. Estudo da estrutura argumental dos nomes. In: KATO, M. A. (org.) *Gramática do Português Falado*. v. V – Convergências. Campinas: Ed. UNICAMP/FAPESP, 1996a. p. 119-154.

_____. Estudo das construções com verbo-suporte em português. In: KOCH, I. G. V. (org.) *Gramática do Português Falado*. v. VI – Desenvolvimentos. Campinas: Ed. UNICAMP/FAPESP, 1996b. p. 201-229.

_____. A modalidade. In: KOCH, I. G. V. (org.) *Gramática do Português Falado*. v. VI – Desenvolvimentos. Campinas: Ed. UNICAMP/FAPESP, 1996c. p. 163-199.

_____. *A gramática funcional*. São Paulo: Martins Fontes, 1997.

_____. As construções causais. In: NEVES, M. H. M. (org.) *Gramática do português falado*. v. VII – Novos Estudos. Campinas: Ed. UNICAMP/FAPESP, 1999a. p. 461-496.

_____. As construções condicionais. In: NEVES, M. H. M. (org.) *Gramática do português falado*. v. VII – Novos Estudos. Campinas: Ed. UNICAMP/FAPESP, 1999b. p. 497-544.

_____. As construções concessivas. In: NEVES, M. H. M. (org.) *Gramática do português falado*. v. VII – Novos Estudos. Campinas: Ed. UNICAMP/FAPESP, 1999c. p. 545-591.

_____. (org.) *Gramática do português falado*. v. VII – Novos Estudos. Campinas: Ed. UNICAMP/FAPESP, 1999.

_____. *Gramática de usos do português*. São Paulo: Ed. UNESP, 2000a.

_____. A gramática: conhecimento e ensino. In: AZEREDO, J. C. (org.) *Língua portuguesa em debate*: conhecimento e ensino. Petrópolis, 2000b. p. 52-73.

_____. A modalidade: um estudo de base funcionalista na língua portuguesa. *Revista Portuguesa de Filologia*. Coimbra, v. XXIII, p. 97-123, 2000c.

_____. As gramáticas: o usuário e a norma. In: DIONISIO, A.; MENDONÇA, M. (orgs.) *I Encontro sobre Gramáticas do Português* – Conferências. Recife: Editora Universitária/ UFPE, 2001a. p. 28-46.

_____. Língua falada, língua escrita e ensino: reflexões em torno do tema. In: URBANO, H. *et alii* (orgs.) *Dino Preti e seus temas*: oralidade, literatura, mídia, ensino. São Paulo, 2001b. p. 321-332.

_____. Norma e prescrição linguística. *Com Ciência*, http://www.comciencia.br/reportagens/linguagem/frameset/vogt.htm, 2001c.

_____. Linguagem e gramática. In: RÖSING, T. M. K. BECKER, P. (orgs.) *Jornadas literárias de Passo Fundo* – 20 anos de história. v. 3. Passo Fundo, 2001d. p. 257-264.

_____. Referenciação e a constituição do texto: reflexões no uso da língua portuguesa. *Revue Belge de Philologie et d'Histoire*. Bruxelas, v. 79, nº 3, p. 993-1016, 2001e.

_____. *A gramática*: história, teoria e análise, ensino. São Paulo: Ed. UNESP, 2002a.

_____. A gramática escolar no contexto do uso linguístico. *Revista de Estudos da Linguagem*. Belo Horizonte, v. 10, nº 2, p. 233-253, 2002b.

_____. O uso linguístico e a noção de certo e de errado. *Linguística 12*. São Paulo, p. 175-184, 2000/2002c.

_____. A noção de erro no ensino da língua. In: GROßE, S.; SCHÖNBERGER, A. *et alii* (Hrsg). *Ex oriente lux*: Festschrift für Eberhard Gärtner zu seinem 60 Geburtstag. Frankfurt am Main: Valentia, 2002d. p. 303-315.

_____. Heranças: a gramática. In: BASTOS, N. B. *Língua Portuguesa*: uma visão em mosaico. São Paulo: IP-PUC-SP/EDUC, 2002e. p. 43-52.

_____. A gramática: o uso e a norma. *Anais do II Congresso Internacional da ABRALIN*. Boletim da Associação Brasileira de Linguística, Fortaleza, v. 26, nº esp., p. 38-40, 2002f.

_____. *Guia de uso do português*. Confrontando regras e usos. São Paulo: Ed. UNESP, 2003.

_____. Linguística, uso linguístico e gramática escolar. In: *Livro comemorativo dos 30 anos*. São Paulo: Ed. PUC. No prelo.

NEVES, M. H. M.; ANDRADE, S. R. A norma linguística em livros didáticos do português. *Estudos Linguísticos*, Publicação em CD-ROM, São Paulo, v. XXX, 2001. p. 1-7.

NEVES, M. H. M.; BRAGA, M. L. Padrões de repetição na articulação de orações. In: PADILLA, J. A. S.; DÉNIZ, M. T. (Eds.) *Actas del XI Congreso Internacional de la Asociación de Lingüística y Filologia de la America Latina*, 1996. Las Palmas de Gran Canária: Libreria Nogal, 1999. p. 528-540.

NEVES, M. H. M.; HATTNHER, M. M. D. As construções comparativas. In: ABAURRE, M. B. M.; RODRIGUES, A. C. S. *Gramática do Português Falado*. v. VIII. Novos estudos descritivos. Campinas: Ed. UNICAMP/FAPESP, 2003. p. 113-183.

NEWMEYER, F. J. *Linguistics*. The Cambridge Survey. Cambridge: Cambridge University Press, 1988.

NOGUEIRA, J. T. Sobre o valor formativo do ensino da gramática. In: BARBOSA, J. M. *et alii* (orgs.) *Gramática e ensino das línguas*. Actas de I Colóquio sobre Gramática. Coimbra: Almedina, 1999. p. 103-106.

OLIVEIRA, F. *Gramática da linguagem portugueza*. Lisboa: Germão Galharde, 1536.

ONG, W. *Oralidade y escritura:* tecnologías de la palabra. Tradução espanhola de A. Scherp. México: Fondo de Cultura, 1987.

PADILLA, J. A. S.; DÉNIZ, M. T. (Eds.) *Actas del XI Congreso Internacional de La Asociación de Linguística y Filologia de la America Latina*, 1996. Las Palmas de Gran Canária: Libreria Nogal, 1999.

PEZATTI, E. G. Estrutural argumental e fluxo de informação. In: KOCH, I. G. V. (org.) *Gramática do Português Falado*. v. VI – Desenvolvimentos. Campinas: Ed. UNICAMP/FAPESP, 1996. p. 275-299.

PRADO E SILVA, A. (org.) *Novo Dicionário Brasileiro Melhoramentos Ilustrado*. 2ª ed. São Paulo: Melhoramentos, 1964.

PRETI, D. *Sociolinguística*. Os níveis de fala. 4ª ed. São Paulo: Nacional, 1982.

PRETI, D. (org.) *Fala e escrita em questão*. São Paulo: Humanitas, 2000.

PRETI, D.; URBANO, H. (orgs.) *A linguagem falada culta na cidade de São Paulo*. v. 3: Diálogos entre informante e documentador. São Paulo: T. A. Queiroz; FAPESP, 1988.

REUTER, Y. (Ed.) *Les interactions lecture-écriture*, Actes du colloque Theodile-Crel, Lille, Berna: P. Lang, 1994.

_____. As relações e as interações entre leitura e escrita no campo didático. Tradução portuguesa de Cristina Casadei Pietraróia. *Linha D'Água*, nº 11, p. 58-81, 1997.

ROCHA LIMA, C. H. *Gramática normativa da língua portuguesa*. 15ª ed. Rio de Janeiro: José Olympio, 1972.

RODRIGUES, A. Problemas relativos à descrição do português contemporâneo como língua padrão no Brasil. *Actas do I Simpósio Luso-Brasileiro sobre a Língua Portuguesa Contemporânea*, 1968. p. 41-55.

ROSENBLATT, A. El criterio de corrección lingüística. Unidad o pluralidad de normas en el español de España y América. *El Simposio de Bloomington*. Bogotá: Instituto Caro y Cuervo, 1967.

RÖSING, T. M. K.; BECKER, P. (orgs.) *Jornadas literárias de Passo Fundo* – 20 anos de história, v. 3. Passo Fundo, 2001.

SAID ALI, M. *Gramática histórica da língua portuguesa*. 3ª ed. rev. e aum. São Paulo: Melhoramentos, 1964.

SALAMINI, L. Gramsci and Marxist Sociology of Language. *International Journal of the Sociology of Language*, nº 32, p. 27-44, 1981.

SANKOFF, D. Sociolinguistics in Syntactic Variation. In: NEWMEYER, F. J. *Linguistics*. The Cambridge Survey. Cambridge: Cambridge University Press, 1988. p. 140-161.

SAVIOLI, F. P. Nem tudo que escandaliza é aberração: "error communis facit jus". *Alfa*, São Paulo, v. 44, 2000. p. 309-330.

SCHERRE, M. M. P. Preconceito linguístico: doa-se lindos filhotes de poodle. In: HORA, D.; CHRISTIANO, E. (orgs.) *Estudos linguísticos*: realidade brasileira. João Pessoa: Ideia, 1999. p. 13-54.

SCHLIEBEN-LANGE, B. Reflexões sobre a pesquisa em mudança linguística. *D.E.L.T.A.*, v. 10, nº esp., p. 223-246, 1994.

SCHMITZ, J. R. Descrição do português e o ensino. In: ALMEIDA, G. M. B., SOTO, U.; BERLINCK, R. A. (orgs.). *Corpo e voz*. Araraquara, SP: Curso de Pós-graduação em Letras, FCL – UNESP – Ar, 1997. p. 23-49.

SCHNEIDER, R.; UHLIG, G. *Grammatici graeci*. Leipzig: Teubner, 1867-1910.

SEXTO EMPÍRICO. *Pròs ethikoús* (with an English translation by R. G. Bury). Cambridge: Harvard University Press/London: William Heinemann, v. III. 1958.

SHOPEN, T. (Ed.) *Language Typology and Syntactic Description*. Complex Constructions. v. II. Cambridge: Cambridge University Press, 1985.

SILVA, M. B. A escola, a gramática e a norma. In: MOURA, M. D. (org.) *Atas do I Congresso Internacional da Associação Brasileira de Linguística*. Salvador: ABRALIN/FJNEP/UFBA, 1996. p. 136-141.

SLAMA-CAZACU, T. *Psicolinguística aplicada ao ensino de línguas*. São Paulo: Pioneira, 1979.

SOARES, M. O livro didático como fonte para a história da leitura e da formação do professor-leitor. In: MARINHO, M. (org.) *Ler e navegar: espaços e percursos da leitura*. Campinas: Mercado de Letras / Associação de Leitura do Brasil – ALB, 2001. p. 31-76.

SOUSA DA SILVEIRA. *Trechos seletos*. Complemento prático às Lições de Português do mesmo autor. 4ª ed. melhorada. São Paulo/Rio de Janeiro/Recife/Porto Alegre: Editora Nacional, 1938.

TANNEN, D. *Coherence in Spoken and Written Discourse*. Norwood: Ablex, 1984.

TARALLO, F. *A pesquisa sociolinguística*. São Paulo: Ática, 1989.

THOMPSON, S. A., LONGACRE, R. E. Adverbial Clauses. In: SHOPEN, T. (Ed.). *Language Typology and Syntactic Description*. Complex Constructions. v. II. Cambridge: Cambridge University Press, 1985. p. 171-234.

TRAUGOTT, E.; HEINE, B. *Approaches to Grammaticalization*. v. 1. Amsterdam/Philadelphia: John Benjamins, 1991.

TRAVAGLIA, L. C. *Gramática e interação: uma proposta para o ensino de gramática no 1º e 2º graus*. São Paulo: Cortez, 1995.

TRUDEAU, D. *Les inventeurs du bon usage* (1529-1647). Paris: Éditions de Minuit, 1992.

UHLIG, G. *Dyonisii Thracis Ars Grammatica*. Leipzig: Teubner, 1883.

URBANO, H. *et alii* (orgs.) *Dino Preti e seus temas*: oralidade, literatura, mídia, ensino. São Paulo, 2001.

VALENTE, A. *Língua, linguística e literatura*. Rio de Janeiro: Ed. UERJ, 1998.
ZOTZ, W. *Apenas um curumim*. 12ª ed. Rio de Janeiro: Nórdica, 1979.

OBRAS EXAMINADAS
Corpus *Escrito*[1]

Sigla	Obra
A	*Angela ou as areias do mundo*. FARIA, O. Rio de Janeiro: José Olympio, 1963.
ACM	*Aqueles cães malditos de Arquelau*. PESSOTI, I. 2ª ed. Rio de Janeiro: Ed. 34, 1994.
AL	*A lua vem da Ásia*. CARVALHO, C. 3ª ed. Rio de Janeiro: Codecri, 1977.
AM	*Ajudante de mentiroso*. JARDIM, L. Rio de Janeiro: José Olympio, 1980.
AMI	*Amiga*, nº 616, Rio de Janeiro: Bloch, 1982, 1991.
ANA	*Anarquistas, Graças a Deus*. GATTAI, Z. Rio de Janeiro: Record, 1979.
ANB	*O analista de Bagé*. VERÍSSIMO, J. F. Porto Alegre: L&PM, 1982.
APA	*A paixão transformada*, História da medicina na literatura. SCLIAR, M. São Paulo: Cia das Letras, 1996.
ARR	*Arraia de fogo*. VASCONCELOS, J. M. 1ª ed. São Paulo: Melhoramentos, 1965.
AS	*A semente*. GUARNIERI, G. São Paulo: M. Moho, s/d,
AVE	*Ave, palavra*. ROSA, J. G. Rio de Janeiro: José Olympio, 1970.
AVL	*A velhinha de Taubaté*. VERÍSSIMO, J. F. Porto Alegre: L&PM, 1983.
BAP	*As bases anatomopatológicas da neuriatria e psiquiatria*. EDGARD, W. & MAFFEI, D. M. São Paulo: Metodista, 1965. v. 1 e 2.
BB	*Balé branco*. CONY, C. H. Rio de Janeiro: Civilização Brasileira, 1966.
BE	*O beijo não vem da boca*. BRANDÃO, I. L. Rio de Janeiro: Global, 1985.
BO	Boca de Ouro. RODRIGUES, N. In: *Teatro quase completo*. Rio de Janeiro: Tempo Brasileiro, 1966.
BP	*Brasileiro perplexo*. QUEIROZ, R. Rio de Janeiro: Edição do Autor, 1963.
CAS	Cascalho. SALLES, H. *O Cruzeiro*. Rio de Janeiro, 1966.
CC	*Cobra cega*. PEREIRA, L. M. Rio de Janeiro: José Olympio, 1954.
CEN	*Cenas da vida minúscula*. SCLIAR, M. Porto Alegre: L&PM, 1991.
CIB	*Cibernética*. EPSTEIN, I. São Paulo: Ática, 1986. (Série princípios, v. 62).
CNT	*Contos da repressão*. ANGELO, I. Rio de Janeiro: Record, 1987.
COL-O	*Discurso de posse do Presidente Collor*. O Estado de S. Paulo. São Paulo, 1990.
CP	*Ciranda de pedra*. TELLES, L. F. São Paulo: Martins, 1955.
CR	*Cabra das Rocas*. HOMEM, H. São Paulo: Ática, 1973.
CRU	*O Cruzeiro*. Rio de Janeiro, jan.1955 – ago./set.1959; 1980.
CUR	*Apenas um curumim*. ZOTZ, W. 12ª ed. Rio de Janeiro: Nórdica, 1979.
DE	*Os 18 melhores contos do Brasil*. TREVISAN, D. Rio de Janeiro: Block, 1968.
DS	*Desempenho do setor agrícola*. RIBEIRO, S. W. Brasília: IPES, 1973.
ECG	*Ecologia Geral*. DAJOZ, R. 3ª ed. São Paulo: Vozes, 1978.
EMB	*Embrulhando o peixe*. SEMLER, R. São Paulo: Best-Seller, 1992.
ETR	*Estrela solitária*. CASTRO, R. São Paulo: Cia. das Letras, 1995.
EX	*Exame*. 1992, 1993. Diversas edições.
FAV	*Feliz ano velho*. PAIVA, M. R. São Paulo: Brasiliense, 1982.
FEL	*Felicidade*. CARLOS, M. Rede Globo de Televisão, 1989.
FN	*Folclore nacional*. ARAÚJO, A. M. São Paulo: Melhoramentos, 1964.
FSP	*Folha de S. Paulo*. São Paulo, 1979, 1993; CD-ROM 1994/95.
GRO	*Grotão do café amarelo*. MARINS, F. F. 3ª ed. São Paulo, 1969.

GT   *Gafanhotos em Taquara-Poca*. MARINS, F. F. 9ª ed. São Paulo: Melhoramentos, 1971.
HAB   *Habermas e a teoria crítica*. FREITAG, B. São Paulo: Ática, 1980.
JM   *A janela e o morro*. LIMA, G. F. 2ª ed. Rio de Janeiro: José Olympio, 1988.
L   *A ladeira da memória*. VIEIRA, J. G. São Paulo: Saraiva, 1950.
LIJ   *Linguagem jornalística*. LAGE, N. 3ª ed. São Paulo: Ática, 1990. (Série Princípios, v. 37)
MAN   *Manchete*. Rio de Janeiro, n. 1027/1222, Bloch, dez.1971/dez.1975.
PSI   *Psicanálise e Linguagem*. CASTRO, E. M. São Paulo: Ática, 1986. (Série Princípios, v. 45).
RB   *Raízes do Brasil*. HOLLANDA, S. B. 10ª ed. Rio de Janeiro: José Olympio, 1976.
REL   *Relato de um certo Oriente*. HATOUM, M. São Paulo: Cia. das Letras, 1991.
SAR   *Sargento Getúlio*. RIBEIRO, J. U. 7ª ed. Rio de Janeiro: Nova Fronteira, 1982.
TV   *O tempo e o vento – O continente*. VERÍSSIMO, E. Rio de Janeiro: Globo, 1956. Tomo II.
V   *Vila dos Confins*. PALMÉRIO, M. Rio de Janeiro: José Olympio, 1957.
VB   *A vida em flor de Dona Beja*. VASCONCELOS, A. 5ª ed. Belo Horizonte: Itatiaia, 1988.
VEJ   *Veja*. São Paulo: Abril, 1979, 1994. Diversas edições.
VER   *Veranico de janeiro*. BERNARDO, E. 2ª ed. Rio de Janeiro: José Olympio, 1976.
VPB   *Viva o povo brasileiro*. RIBEIRO, J. U. Rio de Janeiro: Nova Fronteira, 1984.

Corpus Oral[2]

Sigla	Referência
D2-RE-131	*Diálogos entre dois informantes*, Recife, inquérito nº 131
D2-RE-151	*Diálogos entre dois informantes*, Recife, inquérito nº 151
D2-RJ-335	*Diálogos entre dois informantes*, Rio de Janeiro, inquérito nº 335
D2-SP-360	*Diálogos entre dois informantes*, São Paulo, inquérito nº 360
D2-SSA-98	*Diálogos entre dois informantes*, Salvador, inquérito nº 98
DID-POA-09	*Diálogos entre informante e documentador*, Porto Alegre, inquérito nº 09
DID-POA-45	*Diálogos entre informante e documentador*, Porto Alegre, inquérito nº 45
DID-RE-131	*Diálogos entre informante e documentador*, Recife, inquérito nº 131
DID-RJ-328	*Diálogos entre informante e documentador*, Rio de Janeiro, inquérito nº 328
DID-SP-231	*Diálogos entre informante e documentador*, São Paulo, inquérito nº 231
DID-SP-234	*Diálogos entre informante e documentador*, São Paulo, inquérito nº 234
DID-SP-18	*Diálogos entre informante e documentador*, São Paulo, inquérito nº 18
DID-SP-251	*Diálogos entre informante e documentador*, São Paulo, inquérito nº 251
DID-SSA-231	*Diálogos entre informante e documentador*, Salvador, inquérito nº 231
EF-POA-278	*Elocução Formal*, Porto Alegre, inquérito nº 278
EF-RJ-379	*Elocução Formal*, Rio de Janeiro, inquérito nº 379
EF-SP-156	*Elocução Formal*, São Paulo, inquérito nº 156
EF-SP-388	*Elocução Formal*, São Paulo, inquérito nº 388
EF-SP-405	*Elocução Formal*, São Paulo, inquérito nº 405
EF-SSA-49	*Elocução Formal*, Salvador, inquérito nº 49

Notas

[1] As ocorrências de linguagem escrita foram retiradas do banco de dados do Laboratório de Estudos Lexicográficos da Faculdade de Ciências e Letras da UNESP, Campus de Araraquara, o mesmo que serviu à elaboração da *Gramática de usos do português* (Neves, 2000a), do *Dicionário de usos do português do Brasil* (Borba, coord. 2002) e do *Guia de uso do português. Confrontando regras e usos* (Neves, 2003).

[2] As ocorrências de língua falada foram retiradas do *corpus* mínimo do NURC (Norma Culta Urbana). Os inquéritos de São Paulo estão editados pela Ed. T. A. Queiroz, com auxílio da FAPESP: a edição das elocuções formais (1986) e dos diálogos entre dois informantes (1987) foram organizadas por Ataliba Teixeira de Castilho e Dino Preti (1986); a dos diálogos entre informante e documentador (1988) foi organizada por Dino Preti e Hudinilson Urbano. Dois inquéritos do Rio de Janeiro estão editados pela Faculdade de Letras da Universidade Federal do Rio de Janeiro: a edição das elocuções formais (1991) foi organizada por Dinah Callou e a edição dos diálogos entre informante e documentador (1993) foi organizada por Dinah Callou e Célia Regina Lopes.